허영만

말에서 내리지 않는 무사

**취재·글 이호준** 허영만 화백과 함께 《식객》의 취재와 스토리작업을 하면서 삼십대를 보냈고 현재는 《말에서 내리지 않는 무사》 스토리 작업을 하면서 사십대를 보내고 있다.

**감수 김장구** 몽골 역사학 박사. 동국대학교 문과대학, 동 대학원 사학과 졸업 후 몽골국립대학교 대학원 사학과를 졸업하고 현재 동국대학교 동아시아문화연구소 전임연구원으로 재직 중이다. 몽골제국 시대를 중심으로 중앙유라시아 유목민족의 역사와 문화, 실크로드를 통한 동서문화 교류를 연구하고 있다. 대표 저서와 역서로는 《중국역사가들의 몽골사 인식》(공저, 고구려연구재단, 2006), 《몽골 세계제국》(공역, 신서원, 1999), 《몽골의 역사》(공역, 동북아역사재단, 2009) 등이 있다.

**말에서 내리지 않는 무사 1**

글·그림 허영만
글 이호준 | 인물터치 정세진
배경·컬러 마성일, 박근웅
컬러 이호성 | 진행 박지혜
1판 7쇄 발행 2011. 11. 17
2판 1쇄 발행 2014. 6. 11
2판 5쇄 발행 2022. 5. 26

발행처_김영사 • 발행인_고세규 • 등록번호_제406-2003-036호 • 등록일자_1979. 5. 17 • 경기도 파주시 문발로 197(문발동) 우편번호 10881 • 마케팅부 031)955-3100, 편집부 031)955-3200, 팩스 031)955-3111 • 이 책의 저작권은 저자에게 있습니다. 서면에 의한 저자의 허락 없이 내용의 일부를 인용하거나 발췌하는 것을 금합니다. • Copyright ⓒ Huh Young Man, 2011

값은 뒤표지에 있습니다. ISBN 978-89-349-6827-6 17910, 978-89-349-6835-1(세트) • 홈페이지_www.gimmyoung.com • 이메일_bestbook@gimmyoung.com • 좋은 독자가 좋은 책을 만듭니다. • 김영사는 독자 여러분의 의견에 항상 귀 기울이고 있습니다.

허영만

# 말에서 내리지 않는 무사

월드김영사

나, 테무진은 해가 뜨는 곳에서 해가 지는곳까지
고개를 똑바로 들고 쳐다보는 사람이 없을 정도로
위대한 정복자가 될 것이다!

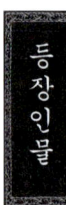

**예수게이** 키야트보르지긴족의 수장. 테무진의 아버지. 용맹하고 강인한 전사로, 몽골 통일을 꿈꾼다.

**테무진** 작품의 주인공. 예수게이의 아들로 타타르족 적장의 이름을 따 테무진이라는 이름을 받는다. 예언자에게서 '위대한 정복자가 될 것'이라는 이야기를 듣는다.

**후엘룬** 예수게이의 부인으로 테무진의 어머니. 현명하고 통솔력이 뛰어나다. 테무진에게 많은 조언을 해준다.

**수치겔** 벡테르와 벨구테이를 낳은 예수게이의 두 번째 부인.

**타르구타이** 강대한 타이치우트의 수장. 몽골족의 주도권을 놓고 예수게이와 테무진을 견제한다.

**데이 세첸** 테무진의 장인. 해와 달을 움켜쥔 흰 송골매 꿈을 꾸고 테무진을 만나 부르테와 혼인시킨다.

**코리** 타타르족 장수 '테무진'의 아들. 아버지의 복수를 하고자 예수게이를 노린다.

**부르테** 미녀가 많은 옹기라트 부족의 소녀. 자무카에게 부탁해 혼인하자마자 헤어진 테무진을 돕는다.

**자무카** 자다란족 수장의 아들. 부르테의 부탁으로 위기에 빠진 테무진을 돕고, 초원에서 살아가는 지혜를 가르쳐준다.

**벡테르** 테무진의 배 다른 형. 힘이 세고 사냥에 뛰어나다. 예수게이에게 인정받지 못하고 테무진을 증오한다.

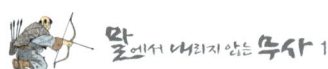
말에서 내리지 않는 무사 1

대몽골

## 《1부》 혼란의 시대에 핏덩어리를 쥐고 태어났다

아~ 슬픔의 땅
대초원이여!
모린호르(마두금)가 전하는
소리를 들어봐라!

툽

하늘 위에서 땅을 보듯
높은 산에서 강을 보듯
초원의 신 텡그리가 굽어
살피는 초원의 역사는
바람의 소리!

툽

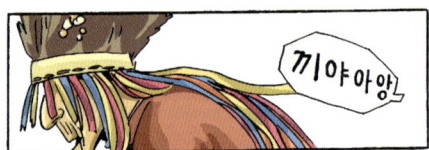

끼야아양

음이 틀렸어!

딱

통

아주 멀고 먼 옛날 초원의 지배자는 우리 몽골족! 바람도 비도 시기해서 몽골족을 사지에 몰아넣으니 살아남은 건 네 명뿐!

끼양 끼양

네 명은 비좁은 협곡으로 도망쳐서 닭이 알을 낳듯 낳고 또 낳아 후손들이 번창하니 협곡이 좁아졌다!

좁은 땅에서 넓은 초원으로 박차고 나간 것은 푸른 늑대와 흰 사슴!

통

아들을 낳고 또 낳아 그중의 아들 하나 도분바얀!

도분바얀의 아내 알란고아가 빛을 받아 아이를 잉태하니 그분이 바로 몽골의 왕족인 보르지긴족의 시조 보돈차아르으으으!

!

끼야아 앙~

이때는 한 박자 쉬어야지 멍청아!

떡

보돈차르는
조개 안의 진주
나무에 달린 열매!

그는 초원의 종족들을 모았다.
몽골울루스를 세웠다.
몽골족 최초 국가 몽골울루스
가슴 벅찬 이름이여어어어!

끼야 앙

한 박자
쉬라니까!

딱

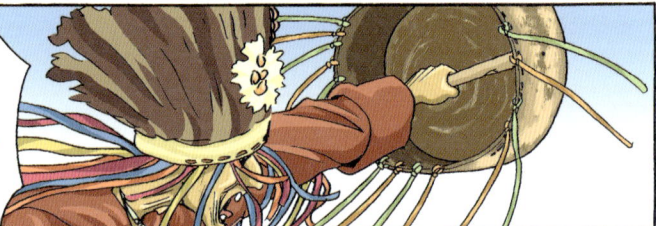

몽골울루스를 세운
카불 칸은 돌아가시고
암바가이 칸이 등극했으나
타타르족에 잡혀 못 박혀 죽었네!
죽으면서 이렇게 외쳤다네!

너희들의 다섯 손가락의 손톱이 다 닳아 빠지도록
너희들이 열 손가락이 다 닳아 없어지도록
나의 원수를 갚아라아아아!

1162년

매애 애애

매애 애애

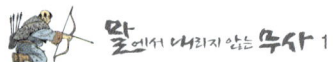

15

타타르족이다!

퍼

쿵

까아악!

핑

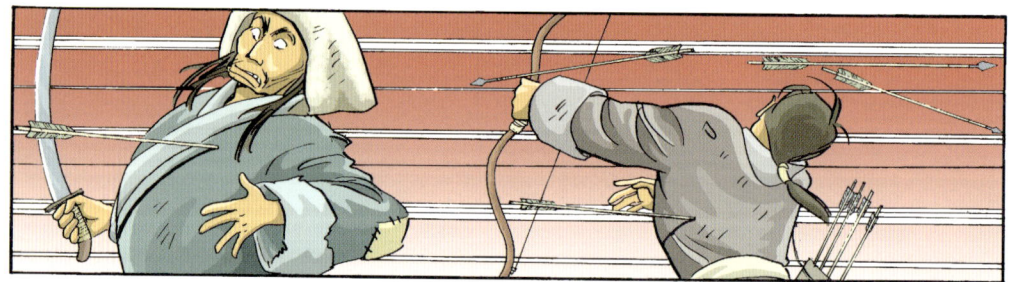

퍼

악!

이리 와!

반항하면
죽는다!

훌렁

앙앙!

두두두

!!!

아들!

주르첸의 침 묻은 금은보화에
홀려서 초원의 이웃에다
칼을 겨누는 불쌍하고
어리석은 타타르 놈들아!

퍽

몽골의 힘을 두려워한 주르첸은
타타르족을 시켜 3년마다
몽골의 남자들을 인간 사냥했다.
몽골의 싹을 없애버렸다.

여자와 어린아이는
끌고 가고 쓸 만한
물건을 챙겨라!

반짝

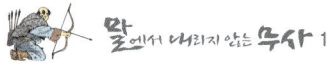

히히히.

쿵

두두두두두

누… 누구냐!

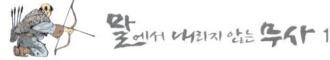

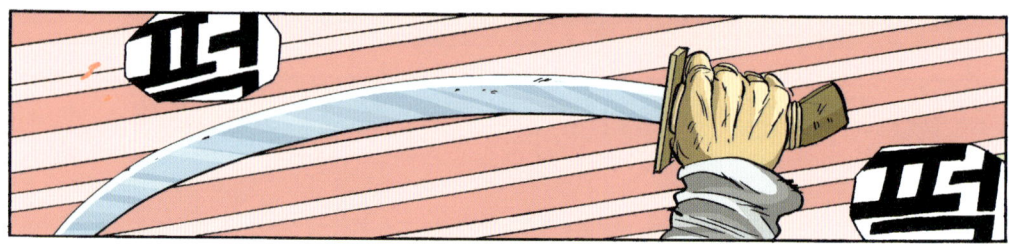

창, 칼, 활은 물론이고
죽은 놈들 갑옷이랑
투구도 벗겨!

살아 있는
몽골족은?

없습니다!

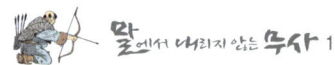

으음, 좀 늦었구나!

앞으로 타타르족의 움직임을 주의 깊게 관찰하도록 해야겠다!

예!

모래땅에 빗물 스미듯 몽골울루스는 사라졌다. 몽골인들은 바위처럼 뭉치지 못하고 먼지처럼 흩어졌다. 먹이를 다투는 쥐새끼처럼 서로 싸웠다. 주르첸은 양의 뼈까지 뜯어갔다. 더 버티기 힘든 초원, 그래도 그들은 떠나지 않았다. 들쥐의 가죽옷을 입고 죽은 짐승의 고기를 뜯으면서도 떠나지 않았다.

돌아가자!

퉁

끼아앙 끼얌

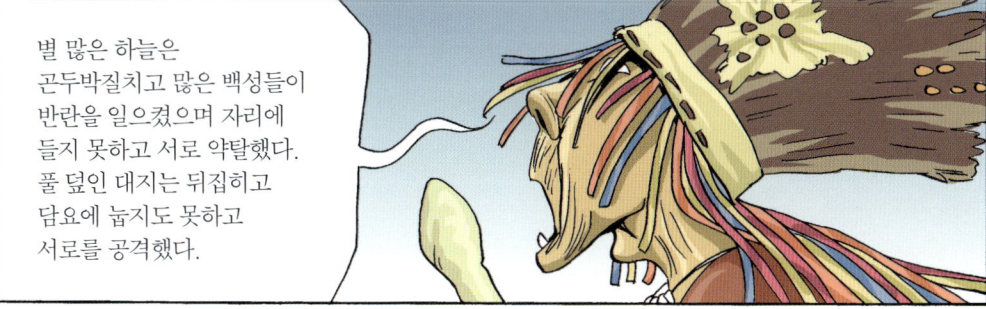

별 많은 하늘은 곤두박질치고 많은 백성들이 반란을 일으켰으며 자리에 들지 못하고 서로 약탈했다. 풀 덮인 대지는 뒤집히고 담요에 눕지도 못하고 서로를 공격했다.

● 《칭기스 칸》 라츠네프스키 저, 김호동 역, 지식산업사

초원의 끝임없는 약탈과 복수는
씨족 집단끼리 반목시켰고 패배한 씨족과 부족은
정복 집단과 합쳐지거나 노예로 분배됐다.
긴 전쟁은 몽골인의 생활에 큰 타격을 입혔다.
가축들은 약탈당했고 말들은 지쳐 죽어
초원에서 썩어갔다.

아들이 아버지의 말을 듣지 않고
동생은 형의 말에 귀 기울이지 않으며
남편이 부인을 믿지 못하고
부인은 남편의 지시를 따르지 않으며
시아버지가 며느리를 칭찬하지 않고
며느리는 시아버지에게 경의를 보이지 않으며
어른이 아이를 보호하지 않고
아이는 어른의 지시에 따르지 않았다.

도적질과 폭력, 부도덕함과 타락이 남자다움과
우월함의 표시인 것처럼 생각하던 시대였다.

고난과 불행, 몰락의 시기에
몽골족 모두는 생존과 재산이 보장될 수 있는
통일과 질서를 꿈꾸고 있었다.

• 《칭기스 칸》 라츠네프스키 저, 김호동 역, 지식산업사

이런 열망에 따라 몽골인들은
힘 있는 예수게이 밑에 하나둘씩 모여들기 시작해서
예수게이는 제법 많은 집단을 거느리게 되었다.

부족민들이 많아져서
힘은 강해졌지만
그만큼
타타르족의
표적이 되고
있어.

예수게이 님!

타타르족
40명이 산을
세 개 넘은 곳에서
우리가 있는 곳으로
이동 중입니다!

!

그 정도 거리면
해가 한 뼘 반
움직일 때
타타르족이
도착할 것이다.
준비해라.

두두두두두

두두두두 두두두

골칫덩이 예수게이를 잡아가면 크게 상을 받을 거야.

아들아 곧 싸움이 시작된다. 무섭지 않느냐?

아버지도 열세 살 때부터 전쟁터에 나가지 않았습니까.

무섭긴 하지만 흥분돼요.

예수게이를 잡아서 아버지를 잇는 장수가 되겠습니다!

퍽

으흐흑.

코리!

부르르

퍽

퍽

악!

퍽

몽골족이다!

우리를 기다리고 있었다!

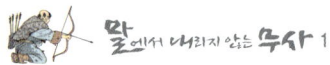

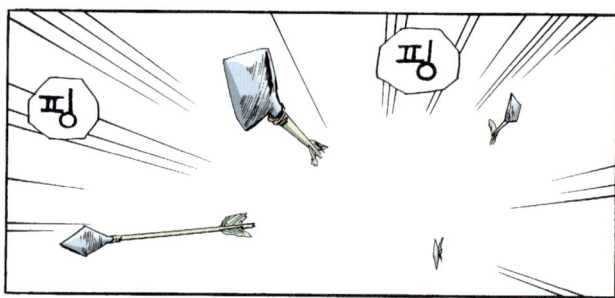

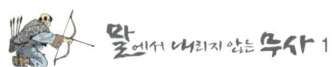

두 두 두 두

몽골이 도망친다!

활을 쏴라!

핑

핑

억!

우와아아아!

앗!

이야아!

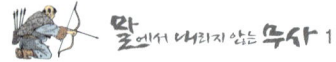

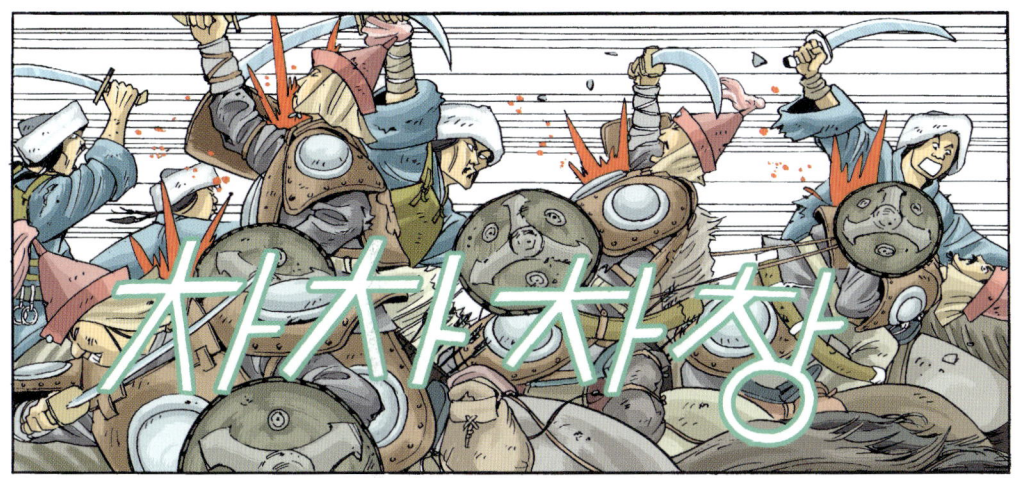

뜨덕

아아악!

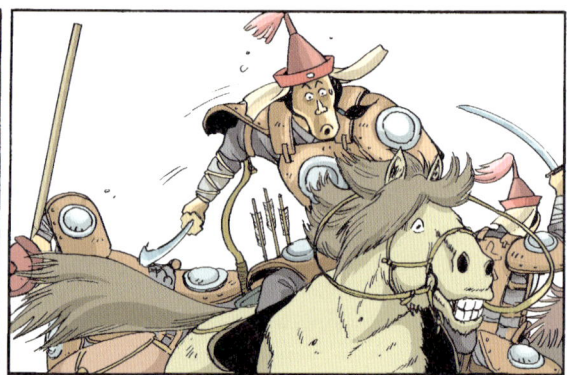

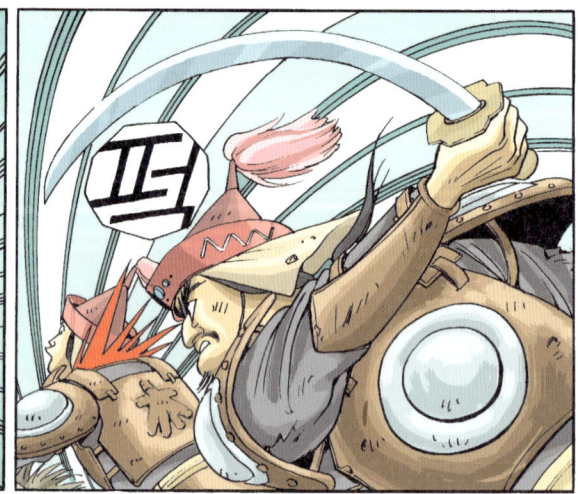

뜨덕

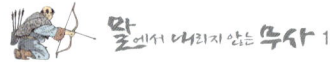

물러서면
죽인다!

적은 우리보다
적은 숫자다.
물러서지 마라!

챙

아래에
신호를 보내!

옛!

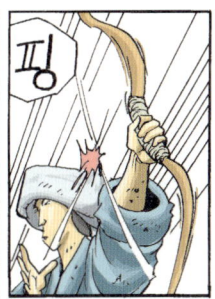

핑

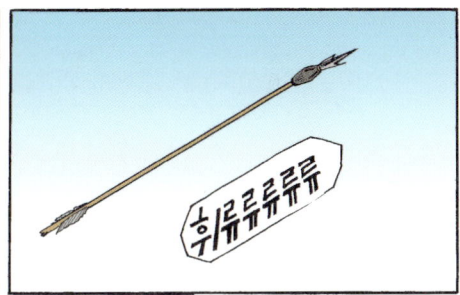

휘류류류류류류

신호다!
일어나라!

이히히힝.

이럇!

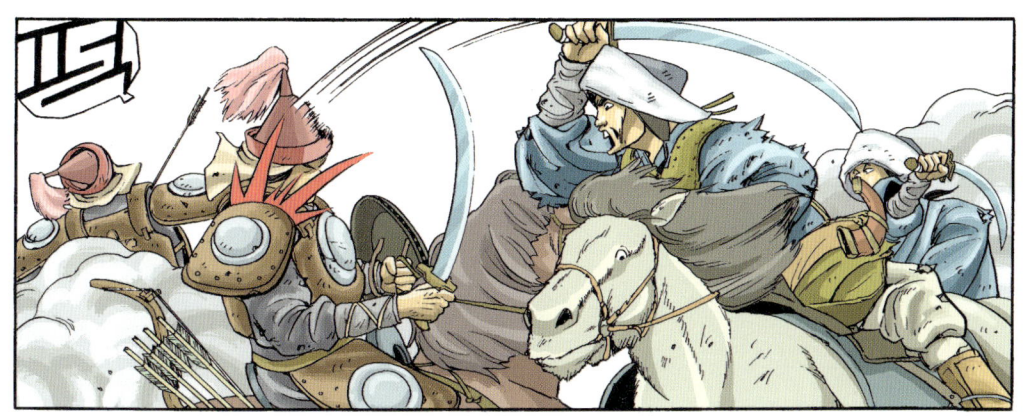

이야아!

주르첸의 개들! 악!

예수게이를 먼저 잡아라!

예수게이만 눈에 보이냐! 예수게이의 동생 옷치긴도 있다!

형 네쿤타이지는 잠자는 줄 알아!

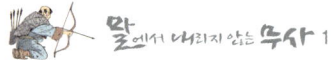

39

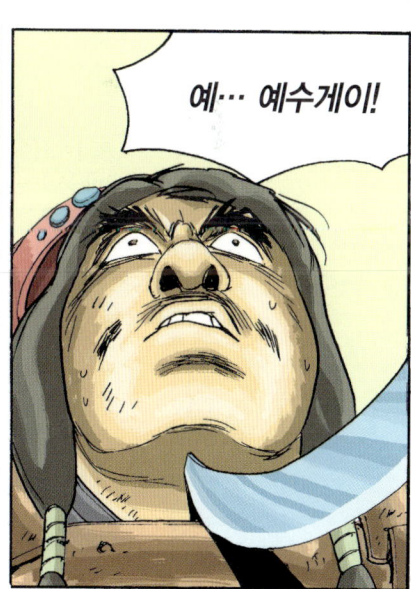

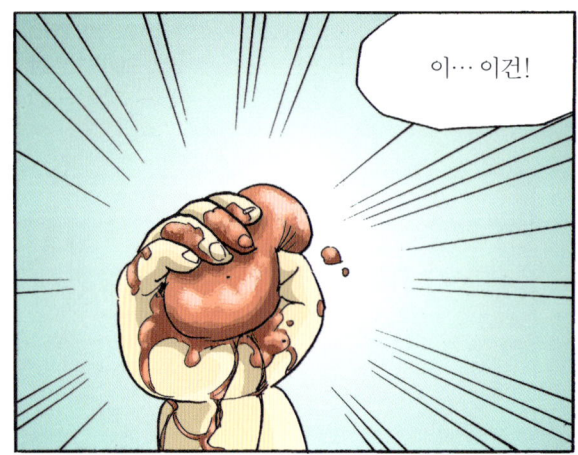

이… 이건!

핏덩어리를 쥐고
나왔는데 꼭 잡고
놓지 않습니다.

핏덩어리를 쥐고 태어난 아이
이것은 무엇을 뜻함인가.

응애애애.

아기에게 이름을
지어주셔야지요.

!

이봐! 타타르 장수,
네 이름은?

테무진!

오늘은 아주 특별한 날이다.
타타르 장수를 잡고
아기를 얻었다! 그래서!

텡그리 신이시여!
이 아이의 이름은
테무진입니다!

테무진!

테무진!

45

예수게이 님,
타타르인들은
어떻게 할까요?

어떻게
했으면
좋겠나?

그렇게 묻지 말고
제게 주십시오!

이놈들은 3년 전에 내 가족을 양털 벗기듯
죽인 놈들입니다. 어머니만큼 사랑했던 내 마누라와
눈에 넣어도 아프지 않을 내 아이 네 명을
게르 안에 가둬놓고 불태워 죽인 놈들입니다!

！

네 원한의 불꽃이
사그라지기 전에 서릿발 같은
네 칼날이 무뎌지기 전에
높이 든 칼을 내려쳐라!

애!
텝아!

예?

저쪽 너머에서
예사롭지 않은 기운이
느껴지지 않느냐?

추워질 것 같은
기운요?

미련한 놈!

하긴 네가
그런 걸 알면
나한테 배울 게
없겠지.

곧 나를 부르러
사람이 올 게다.
내려갈 준비해라.

에이! 이
꼭대기까지
누가 와요!

어? 저 밑에서
사람이 올라옵니다!

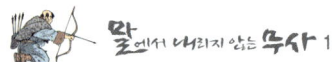

예수게이 님 명령으로 알부라 님을 모시러 왔습니다.

!

그것 봐라! 이놈아!

업어라! 내려가자!

힘드니까 다음에는 밑에서 삽시다.

이놈아! 텡그리 신과 계시를 나누려면 높은 데 있어야 해.

예수게이가 어떤 자인지는 모르겠지만 나귀를 보내는 걸 보면 예의가 있는 사람이구나.

이리
들어오시지요.

컹컹.

그쪽에
앉으시죠.

위대한 예언자시여,
고귀한 말씀을 듣고자
이곳으로 모셨으니
몽골족과 나 예수게이와
아들 테무진의 앞날을
점쳐주시오.

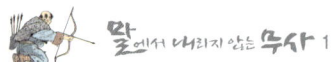

오! 푸른 늑대의
눈빛이다!

그러나
이 정도
눈빛으로는….

아! 그 뒤에 진짜
푸른 늑대의 강한
눈빛이…!

알란고아가 예언한
텡그리 신의 아들이
여기 계신다!

예수게이 님은 알란고아의
직계 자손이고

예수게이 님의 아이는 대몽골을 정복할
텡그리 신의 아들이오!

텡그리 신의 아들은 대초원의 풀들이 빗물 대신
사람의 피를 머금고 크도록 만들고
해가 뜨는 곳에서부터 해가 지는 곳까지 고개를
똑바로 들고 쳐다보는 사람이 없을 정도로
위대한 정복자가 될 것입니다!

아이가 쥐고 있던 핏덩어리는 찬란한 햇살도 담을 수 없을 정도로 커다란 땅입니다!

아아 텡그리 신의 아들이시여, 이 땅은 모두 당신의 것입니다! 이제 몽골 초원의 썩어가는 시체들을 거두소서!

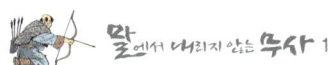

여보, 무당 얘기 잘 들었소?

그럼요.

우리 아이가 그렇게 엄청난 운명을 가지고 태어나다니… 대견하면서 무서워요.

우리 이 아이를 잘 키웁시다.

내 아들 테무진, 네가 크는 시간이 너무 느리구나. 망아지는 태어난 뒤 곧바로 어미를 따라 뛰는데 너는 아직 앉아 있지도 못하니 답답하다.

초원의 위험은 네가 어린 것과 상관없이 아무 때나 닥친다. 빨리 커라! 빨리!

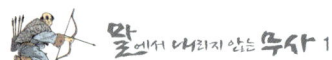

내가 저놈을 길들이면 괜찮은 망아지를 한 마리 주겠나?

헤~ 예수게이 님도 저놈한테는 별수 없을 거요.

툭
툭

대신 실패하면 내 망아지를 주지.

말이 고삐를 보면 경계를 하니까 뒤로 감추고…

푸르르

안심해라. 나는 너를 어떻게 할 생각이 없어.

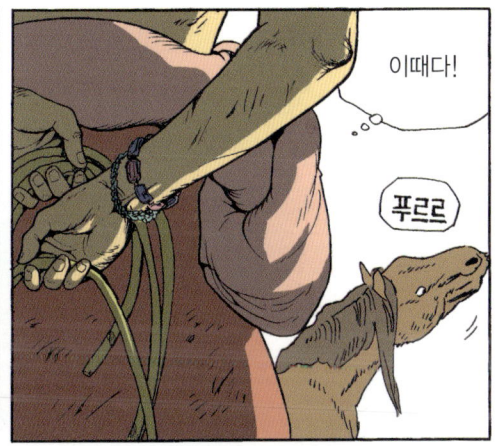

이때다!

푸르르

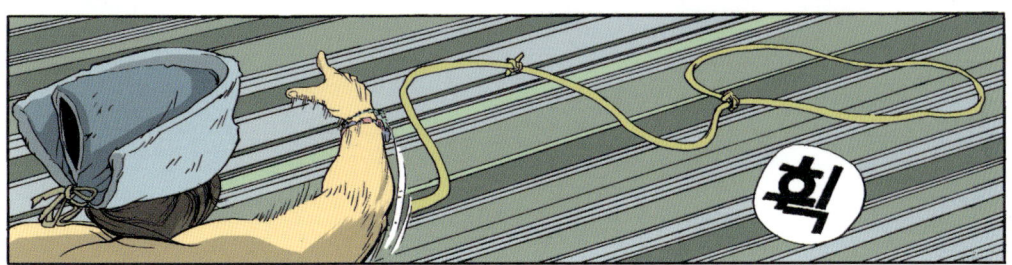

획

좍

히히힝.

히히힝.

우웟!

하하핫!
예수게이 님도
별 수 없구만!

하하하!

엉!

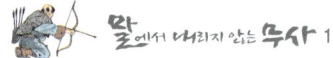
말에서 내리지 않는 무사 1

섰다!

팍

팍

푸르르릉.

말이 놀란다!
천천히 다가가라!

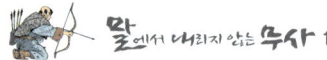

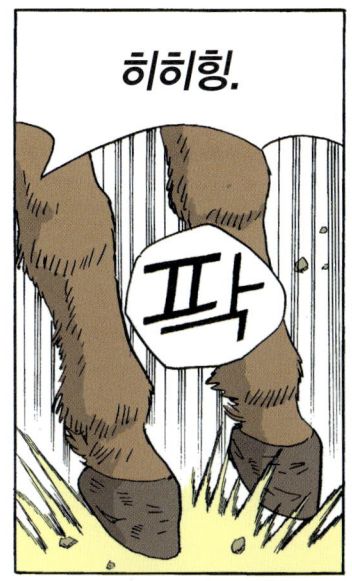

하아!

픽

다리로 말 배를 감고 찰거머리처럼 떨어지지 않는다!

조금만 더 견뎌요!

푸우 푸우

됐다! 말이 지쳤다!

위! 위!

척 척 척

아이고 망했다!

풀썩

테무진.

아빠.

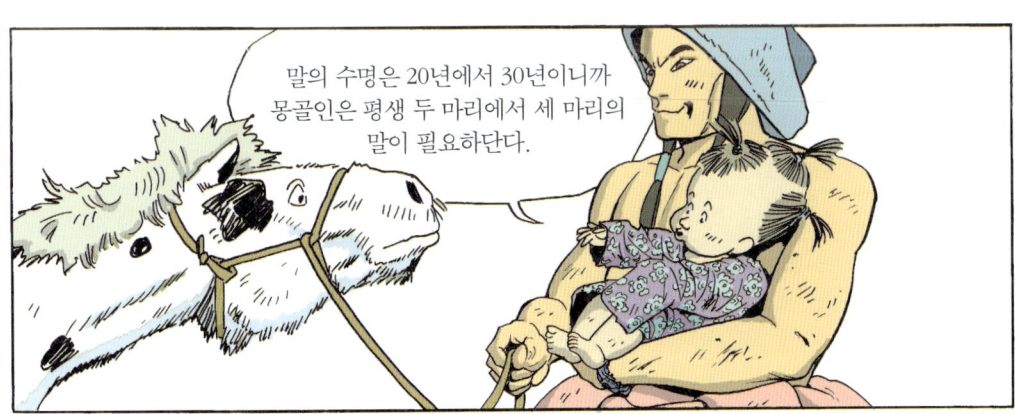

말의 수명은 20년에서 30년이니까
몽골인은 평생 두 마리에서 세 마리의
말이 필요하단다.

테무진, 이 말은
너의 첫 번째 말이다.

자 타봐라!

몽골 아이들은
빠르면 세 살에 말을
타기 시작하고
다섯 살이면 말과
한 몸이 되어
달린다.

말을 타기엔
아직 어리니까
그동안 잘
키워놓지.

예수게이 님
손님입니다!

저기!

!

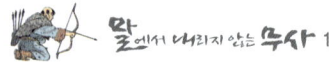

수… 수치겔!

예수게이 님이
다시 오길 기다리다
지쳐서 당신의 아들을
데리고 왔어요.

결혼은 나랑 처음 한 것이 아니었어요?

수치겔은 4년 전에 사냥 갔다가 만난 여자였는데 그 사이에 아이가 생긴 줄은 몰랐었소.

주우욱

이것만 확실하게 해주세요.

누가 예수게이 님의 후계자입니까?

주우욱

테무진입니까?

저 여자가 데려온 아이입니까?

주우욱

벡테르,
아버지 옆에
앉거라.

예.

턱

벡테르!
그곳은 네 자리가 아니다!
그곳은 테무진의 자리다!

벡테르는 저쪽 상으로
음식을 들고 가서
먹어라.

！

！

벡테르!
말씀하시지
않느냐!

자네가 벡테르를
데리고 가게나.

자네라고?
이런 족보도 모르는
여자 같으니 내가
당신 형님이야!

예수게이 님!
벡테르가 테무진보다
먼저 태어났는데 이런
법이 어디 있습니까?

당신은 나랑 정식으로
혼인식을 올린 적이 없다.
따라서 내 첫째 아이는
후엘룬이 낳은 테무진이다!

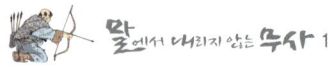

아~ 해봐. 옳지!
이젠 양고기도
잘 먹는구나.

맛있다!

멍청아
뭐가 맛있어!

아~

!

여보게, 나는 테무진
옷을 살아 입히야 하니까
설거지는 자네가 해주게!

....

여보게, 내 얘기를
못 들었나? 대답을
못 들었네.

예.

잘 들리지 않네.
지금 뭐라고 했나?

예! 형님!

그동안 네 말이
많이 컸지?

오늘은 말을 타고
멀리까지 가볼까?

꼭 잡아라.
테무진.

무저버.

말타기가
무서워?

개! 개!

개가 어째서?

말에서 내리지 않는 무사 1

아빠 나도 말 태워줘.

너는 다섯 살이 되면 태워주겠다.

씨이, 테무진은 나보다 한 살 적은데도 태워주면서.

옳지, 테무진. 잘 타는구나.

벡테르, 말젖 좀 짜오너라.

에잇!!

71

후엘룬, 테무진이랑 저 산을 다녀왔소.

그렇게 멀리요?

몇 번만 태우면 혼자서 탈 수 있을 거요.

말 타는 것이 너무 빠른 것 같아요.

허어 빠르다니···

나는 테무진이 크는 것이 너무 느리게 느껴지는데.

컹컹컹

아아악

컹컹컹

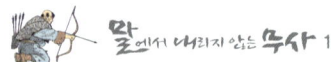

이 새끼가
어딜!

깨깽!
깨깽!

콱

테무진 이젠
괜찮다!

테… 테무진!!

테무진이 개 때문에
놀란 것 같으니 개를 가깝게
두지 말아요.

그런 눈치는 알고
있었지만 이렇게까지
무서워할 줄 몰랐어요.

다그닥

다그닥

다그닥

서라!

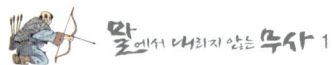

너는 케레이트족 아니냐?

그렇소! 토그릴 님의 전령이오! 예수게이 님을 만나게 해주시오!

뭐라고?

케레이트족의 토그릴 님이 우리의 도움을 받고 싶다고?

그렇습니다! 30리 밖에서 기다리고 계시는데 먹을 것도 떨어지고 말은 지칠 대로 지쳐 있습니다!

분란이 있다는 소문은 거짓이 아니었구나.

일단 토그릴 님을 모셔서 쉬게 해드려라!

그동안 쿠릴타이를 소집해라!

• 쿠릴타이: 연합 부족 간의 대회의.

그래서 예수게이는
몽골이 아닌 케레이트족의
토그릴을 도와줘야 한다고
얘기하는 거요?

그렇소!

우리는 토그릴의
성격을 잘 알고 있소.

토그릴은 아버지가
죽은 뒤에 그의 동생을
죽이고 군주에
올랐다가 숙부에게
쫓겨난 자 아닌가.

자기 형제를
죽일 만큼 명예를
더럽힌 자 아닌가.

그를 돕는 것은 옳지 못하오!

차라리 그를 잡아다가 그의 숙부에게 바쳐서 케레이트족과 친교를 맺는 것이 나을 것이오.

옳소.

토그릴을 돕는다면 케레이트족과 싸움이 커질 것이오.

벌떡

게르에 찾아온 손님을 내치지 못하는 것이 초원의 불문율인데 날카로운 매의 부리에 쫓겨 게르 안으로 도망쳐온 비둘기를 쫓아내려는가?

그러면서 여러분들은 명예롭다고 생각하는가?

토그릴이 동생을 죽인 것과 불쌍한 비둘기를 쫓는 것이 무엇이 다른가!

둘 다 명예롭지 못하다!

여러분들이 겁을 먹고 움츠린다면 예수게이는 혼자서라도 비둘기를 보호하겠다!

콰

지금은 내가 헛된 용기를 보이는 것 같겠지만 이 일이 잘돼서 케레이트족이 우리 편이 되면 금국의 개들 타타르족이 우리를 건드리지 못할 것이다!

그때가 되면 헛된 용기가 값진 용기였다는 것이 증명되리라!

겁쟁이들!

팍

싸가지 없는 놈. 말하는 것 봐.

×새끼

네가 힘이 세니까 가만있는다만 토그릴 편 들다가 네 마누라 과부 만들지 마라. 인마!

예수게이 아들 테무진이 초원을 평정할 거라는 헛소문이 돌던데 어깨에 힘이 팍 들어갔군. 흥!

다그닥

다그닥

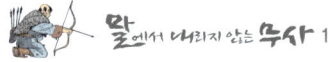

칼!

턱

당신 떨고 있군!

무사히 돌아오시길
빌겠어요.

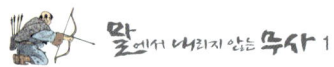

예수게이는 무모한 사람이 아니오. 이번엔 이길 수 있는 싸움이오!

처격

예수게이이이이이!

예수게이이이이이!

와와와와와

두두두두두

예수게이 님!
이 일은 평생
잊지 않겠소!

오늘뿐 아니라
내 아들이,
내 아들의 아들이,
내 아이의 아들의
아들이 잊지 않도록
하겠소!

그 말씀은 전쟁에서 이기고
난 뒤에 필요할 뿐, 지금은
적이 눈앞에 있습니다!

챙

공격!

두두두두

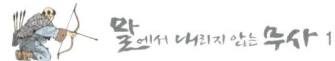

토그릴을 위한 이 전쟁은
훗날 테무진에게 매우
중요한 사건이 된다.

이 전쟁에서 크게 이긴
예수게이는 초원에서 이름을
또 한 번 알렸다.

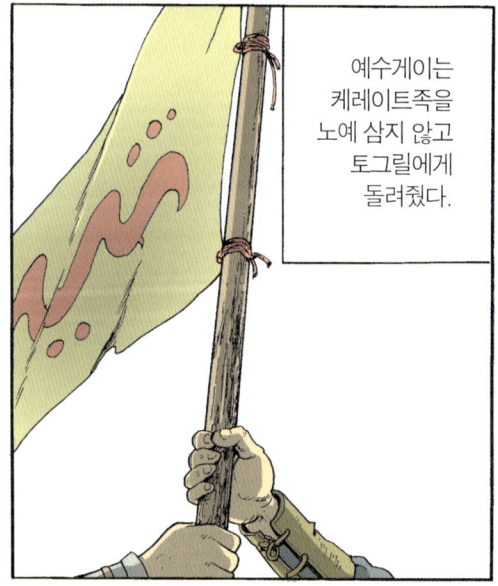

예수게이는
케레이트족을
노예 삼지 않고
토그릴에게
돌려줬다.

토그릴은 보답으로
많은 재물을 예수게이에게
선물했다.

말엔서 내리지 않는 무사 1

그리고 예수게이와 토그릴은 형제의 의식을 가졌다. 두 사람의 영향력은 넓은 초원을 덮었다.

안다여어.

예수게이 님!

우리 가족도 예수게이 님에게 충성하겠습니다. 같이 살 수 있게 허락해주세요.

오늘은 이놈이 와서 양을 뺏어가고 내일은 저놈이 와서 소를 뺏어가고… 초원에서 힘 없이 지내는 데 넌더리가 납니다.

예수게이 님에게 보호받고 전쟁에 나가 많은 노획물을 얻고 싶습니다.

몽골 초원의 땅은
넓고도 넓다! 아무 곳에나
자리 잡아라!

누가 네 앞에서 칼을 뽑거든
예수게이가 보고 있다고 말하라!

음.

여보 테무진이
네 살이잖소?

예.

꽃.

이젠 여자애 같은
모습을 그만할
때가 되었소.
머리를 밀어줍시다.

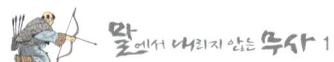

예수게이 님 우리 벡테르도 아직 여장을 하고 있어요.

오, 그랬었나?

벡테르 머리는 수치겔이 잘라주시오!

!

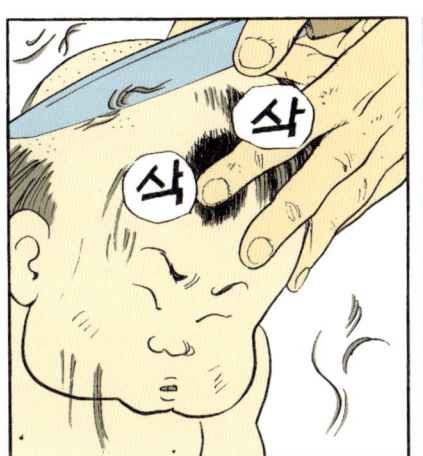

삭

삭

어린아이가 제대로 크지 못하고 일찍 죽는 것은 저승사자가 데려가기 때문이다.

남자인 네가 지금까지 여장을 하고 살아온 것은 저승사자가 너를 데리러 왔을 때 다른 사람인 줄 알고 못 데려가도록 하기 위함이야.

삭 사가

아얏!

가만 있지 못해!

이젠 여자 머리를 자르고 여자 옷을 벗고 당당하게 오래오래 살거라.

오래오래 살아라!

이씨~.

휘이이이이이이이

휘이이이이

몽골의 겨울 추위는 혹독하다.
심할 때는 말과 양이 얼어 죽는다.
바람은 바늘이 되어 살갗에 꽂힌다.

휘이이이이이

휘이이이

테무진 잘해!

꼭 1등 해라!
벡테르!

모두들 춥지?

안 추워요!

오늘은 여덟 살에서
열 살짜리 남자아이를 위한
성인식 날이다!

너희들은 지금부터 말을 달려서 저쪽에
있는 늑대코끝까지 갔다와야 한다!

끝까지 포기하지 않고
달려야 어른이 된다!
중간에 힘들고 춥다고
포기하면 어른이 아니다!

오늘 1등 한 아이에게는
예수게이 님께서 아끼는
말 한 마리를 주겠다!

휘이이이

휘이이이

아이들이 언덕을 넘어갔다.

저 아이들은 식사하고 난 뒤 부른 배가 꺼지면서 또 먹고 싶다라는 생각이 들 정도의 시간 동안 달려야 돌아올 수 있지.

이때 5등 안에 들어오는 아이들이 커서도 항상 전쟁의 선두에 선다.

예수게이 님도 성인식 때 1등으로 들어왔었죠.

하하 기억하는군.

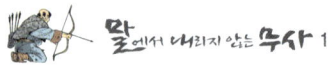

휘이이이

휘이이

아이들이 언덕에 나타날 때가 됐는데.

날이 점점 더 추워지는 것 같군.

나타났어요!

하아!

하아!

치열하구나! 선두는 누구냐?

테무진!

아니! 벡테르랑 테무진이 선두를 다투고 있습니다!

하아!

하아!

하아아!

하아아!

하아!

하아!

하아!

하아!

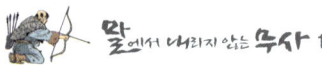

두 두 두 두

벡테르 1등!
테무진 2등!

이야아아!

내 아들
벡테르!

테무진!

아빠! 보셨죠! 내가 1등 먹었어요!

테무진!

푸르르

ㅇㅇㅇㅇ.

ㅇㅇㅇㅇ.

울지 마라. 2등도 아주 잘한 거잖아.

이것 봐라 손가락이 전부 얼었구나.

예수게이 님. 1등한 벡테르에게 시상해야죠.

나 대신 해라. 난 테무진 몸을 녹여줘야 해.

자, 벡테르. 이 말은 네 것이다. 받아라.

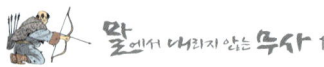

모두들 벡테르에게 박수!

짝 짝 짝

테무진, 눈에 손을 파묻어라. 어서!

휘이이잉

휘이이이

이젠 언 손이 풀렸지?

그놈 참···
어지간히 속상한
모양이구나.

수치겔, 벡테르는 아직
밖에 있소?

좀 전에 활을 들고
나갔어요.

활을?

벡테르가 겨울 사냥을 할 줄 알아?
더구나 지금은 해가 졌는데?

휘이이이

휘이이이이

휘이잉

팍

쿠히히힝!

절룩

히힝!

척

절룩

퍼덕

죽어라!

퍼덕

 말에서 내리지 않는 무사 1

백테르! 이런 날씨에 어딜 갔다 오는 거냐. 응?

이 불 옆으로 오너라.

아이고, 온몸이 얼었구나.

잠시만 기다려라. 따뜻한 차를 줄게.

!

나 지금 집을 나갈 거야.

뭐라고?

제정신이냐? 한 겨울에 이 추위를 어떻게 감당하려고?

네 나이 이제 겨우 열 살인데 혼자 살아갈 수 있겠느냐?

이깟
추위가 무슨
상관이야?

예수게이에게
무시당하는
것보다 더
춥겠어?

나이가 무슨
상관?

나는 늑대를 두 마리
잡은 적이 있어!
어른과 싸워도
지지 않아!

맞아! 형은
싸움 잘해.

벡테르, 아버지가 너를
어떻게 대한다는 걸
어미는 모르겠어?

똑같은 예수게이의 아들인데
후엘룬에게서 나온 아이들은
금이야 옥이야 키우고 나
수치겔에서 나온 너희들은 들판에
굴러다니는 쇠똥 취급을 받는데
이 어미가 모르겠어?

나도 여러 번
너처럼 이곳을
떠나고 싶었다.

하지만 초원에서는
혼자서 살아가지
못한다. 배고픔과
늑대와 칼을 든
인간들을 피할 수 없어.

벡테르, 추위가 멈추고 초원에 꽃이 피기
시작할 때까지만 참아다오.

그때 아버지와 테무진은 테무진의 색시를 찾으러 나갈 것이다.

와! 테무진 형이 색시를 얻어? 악!

시끄러!

쾅

색시 집이 정해지면 테무진은 짧게는 1년 길게는 5년을 색시 집에서 같이 살면서 일을 해야 한다.

그동안 이곳에 테무진이 안 보이겠지.

그러면 아버지가 테무진 대신 든든한 벡테르 너를 사랑하지 않겠니?

모든 일이 테무진 우선이야!

혼인도 마찬가지야! 나이가 많은 내가 먼저지! 고추가 새끼손가락만 한 테무진이 먼저냐고!

빵

맞아! 형 고추는 이따만 해. 강에서 봤어.

이 새끼가!

찰

악! 왜 때려? 고추 크다는 게 나빠?

107

나비다!

지독한 겨울이
이제 끝났구나.

테무진이 오늘
떠난다지?

저것 봐. 집 앞에
모여 있잖아.

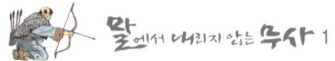

테무진.

네가 신부를 찾아가는 곳은 이 어미의 고향이기도 하다. 만에 하나 외가 사람들이 널 볼 수 있으니 흠 잡히는 일이 없도록 항상 당당하게 행동해라.

예, 어머니.

당신도 타타르 지역을 통과해야 하니 긴장을 늦추면 안 됩니다.

으응.

카사르, 알았지?

내가 신부를 구해오는 동안 이곳에 나는 없다. 대신 네가 장남이니까 동생들 잘 보살펴라.

알았다니까.

장남은 집안 대소사를 아버지와 상의해서 결정하고 모든 일에 우선권을 받는다.

이 권리에 대한 복종은 누구도 예외가 없어.

네 권리는 네가 지켜야 해. 지키지 못하면 너는 패배자가 될 거야.

명심할게.

테무진이 다 컸소. 후엘룬.

벡테르! 벨구테이! 너희들도 명심해!

!

...

알았어, 형.

벡테르도 대답해!

이 자식이!

벡테르, 네가 나이는 많지만 초원에서는 나이가 많다고 윗사람이 되는 것이 아니다.

우리 집에서는 테무진이 너보다 위라는 것은 어떠한 경우라도 변함이 없다.

대답해라, 벡테르!

엄마 계산이 틀렸어!

111

테무진이 없으면 예수게이가 나를 사랑할 거라고? 흥!

휙

!

봄이 끝나기 전에 나는 이곳을 뜬다!

기어코 대답을 안 하고… 벡테르, 너!

테무진, 벡테르 버릇은 나중에 고치기로 하고 그만 출발하자.

저것 봐! 테무진 얼굴이 빨개졌구나!

형! 예쁜 색시 데리고 와!

예수게이 님 조심해서 다녀오세요!

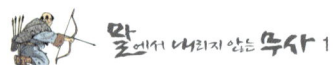

1170년
테무진 9세

아버지, 혼인을 왜 하죠?

초원을 지배하려면 자손을 많이 낳아야 하니까.

가까운 곳에도 색시들 많은데 왜 먼 곳까지 가요?

여자와 암말은 먼 곳에서 구하라는 말이 있다.

가까운 곳 색시를 얻으면 같은 종족이나 친척일 수 있으니 좋은 자손을 얻을 수 없다.

또 재산이 많고 힘 있는 집안과 사돈을 맺으면 위험한 초원에서 보호받을 수 있으니 좋고….

우리가 가는 옹기라트 지역은 네 어머니만큼 미인이 많은 곳이다.

기분 좋지?

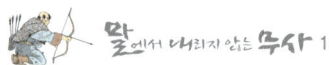

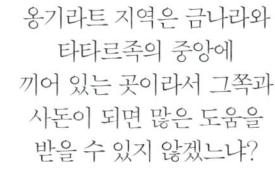
옹기라트 지역은 금나라와 타타르족의 중앙에 끼어 있는 곳이라서 그쪽과 사돈이 되면 많은 도움을 받을 수 있지 않겠느냐?

음… 결국 아이를 많이 낳아야겠어요. 이쪽저쪽 사돈을 맺어놓으면 감히 누가 침입하겠어요?

핫핫핫! 머리가 돌아가는구나.

자식이 20명도 좋고, 50명 100명이면 더 좋지.

색시 한 사람이 그렇게 많이 낳을 수는 없잖아요.

그러니까 색시도 10명, 100명 필요한 거지.

나는 겨우 색시가 두 명이지만 앞으로 계속 색시를 만들어야 해.

아버지, 나빠요!!

너도 아이가 많아야 한다고 했잖으냐. 이건 초원에서 살아가는 방법이야.

앗! 아버지, 저기!

누가 이쪽으로 달려오고 있어요!

괜찮아. 여기는 몽골 지역이다.

이곳에서 예수게이를 어떻게 할 자는 아무도 없다.

예수게이 님!

아! 타르구타이 님이신가!

인사드려라, 테무진.

안녕하세요.

많이 컸군, 테무진.

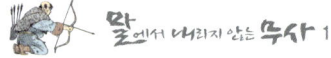

색시를 구하러 여행하신다더니 그날이 오늘인가요?

그렇습니다.

뭉크바투 얘기 들으셨나요?

무슨?

뭉크바투가 3년 전에 며느리를 맞이했는데 아직도 잉태를 못했지 뭡니까?

며느리를 잘 골라야지. 뭉크바투같이 되면 안 되죠.

재수 없는 소리.

그렇지만 오늘은 날씨가 너무 좋아서 아이를 쑥쑥 낳는 며느리를 만날 겁니다.

걱정해줘서 고맙소.

그런데 단 두 사람뿐?

그렇소.

아무리
예수게이 님이지만…

괜찮습니다.

!

자신감이 부족한 자들이
무리를 만들어 다니지요.

나같이 말입니까?
핫핫핫핫.

자 그럼, 자신감 부족한 놈
물러갑니다.

예수게이 님, 조심해서
다녀오시오!

또 봅시다!

안녕히 가세요!

예쁜 색시 만나라. 테무진!

테무진!
타타르족의
이름을 가진
재수 없는 새끼!

저분 말투에 가시가
있어요.

응.

저 뚱뚱보를 조심해라.
틈을 보이면 감춰둔
칼끝을 보일 것이다.

119

뚱뚱보 말대로 3일을 가야 하는데 호위병사 없이 가는 건 위험하지 않을까요?

아들 색시 구하러 간다고 군대를 몰고 가면 마을이 비게 되어서 위험할 수 있다.

또 사돈 될 분한테 예의도 아니지.

이렇게 부자간에 초원을 달리면 먼 곳에서 우리를 보더라도 예수게이와 테무진인 줄 알지 못할걸. 하하하.

후루룩

아버지가 만든 음식도 맛있네.

초원에서는 누구나 훌륭한 요리사지.

테무진, 이걸 봐라.

지금 초원은 다섯 개의 세력이 칼날을 세우고 있다.

이곳은 나이만족.

그 옆은 나의 의형제 토그릴의 케레이트족.

바이칼 호수 옆은 메르키트족.

그 밑이 우리의 몽골족.

바로 옆은 우리의 원수 타타르족.

지금까지 우리 몽골족은 다른 부족의 먹잇감이었다.

네가 커오면서 적들과 몇 번 싸웠는지 생각해 보면 알겠지?

그러나 지금은 몽골족을 함부로 넘볼 수 없다. 힘이 강해진 것이다.

너무 복잡해. 다 섞어서 하나로 만들어버렸으면 좋겠어요.

아버지가 싹 쓸어버려요! 의형제인 토그릴 님이랑 같이!

지난 겨울 쿠릴타이 때 내가 칸이 되지 못했으니까 그건 다음으로 미룰 수밖에 없어.

초원에서 여러 사람이 굶주리고 있을 때 작은 동물을 한 마리 잡았다면 내 가족을 먼저 먹이겠냐, 여럿이 나눠 먹겠냐.

내 가족이 먼저죠.

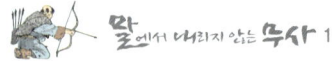

그렇다. 항상 내가 먼저다!

초원은 모든 게 넉넉하지 않다.
부족한 걸 채우기 위한 약탈은
너무나 당연한 것이다.

힘이 약한 무리는 강한 쪽에 의지하고
동지가 적으로 적이 동지로 바뀌는 것은
해가 달로 바뀌는 것같이 자주 있는
일이다.

친구도 나의 등을 칠 수 있다!
초원에서는 그 누구도 믿을 수 없다!

믿는 것은 오직 자신의 힘뿐!

은혜와 원수는
반드시 갚아라!

응!

그래야만 이 빌어먹을
초원에서 살아남을 수
있다!

몽골울루스의
암바가이 칸이
타타르족에 잡혀
죽은 것은 창피한
기억이다.

이 창피함을
가슴속
깊숙이
넣어둬라.

똑같은 실수를
하지 마라.

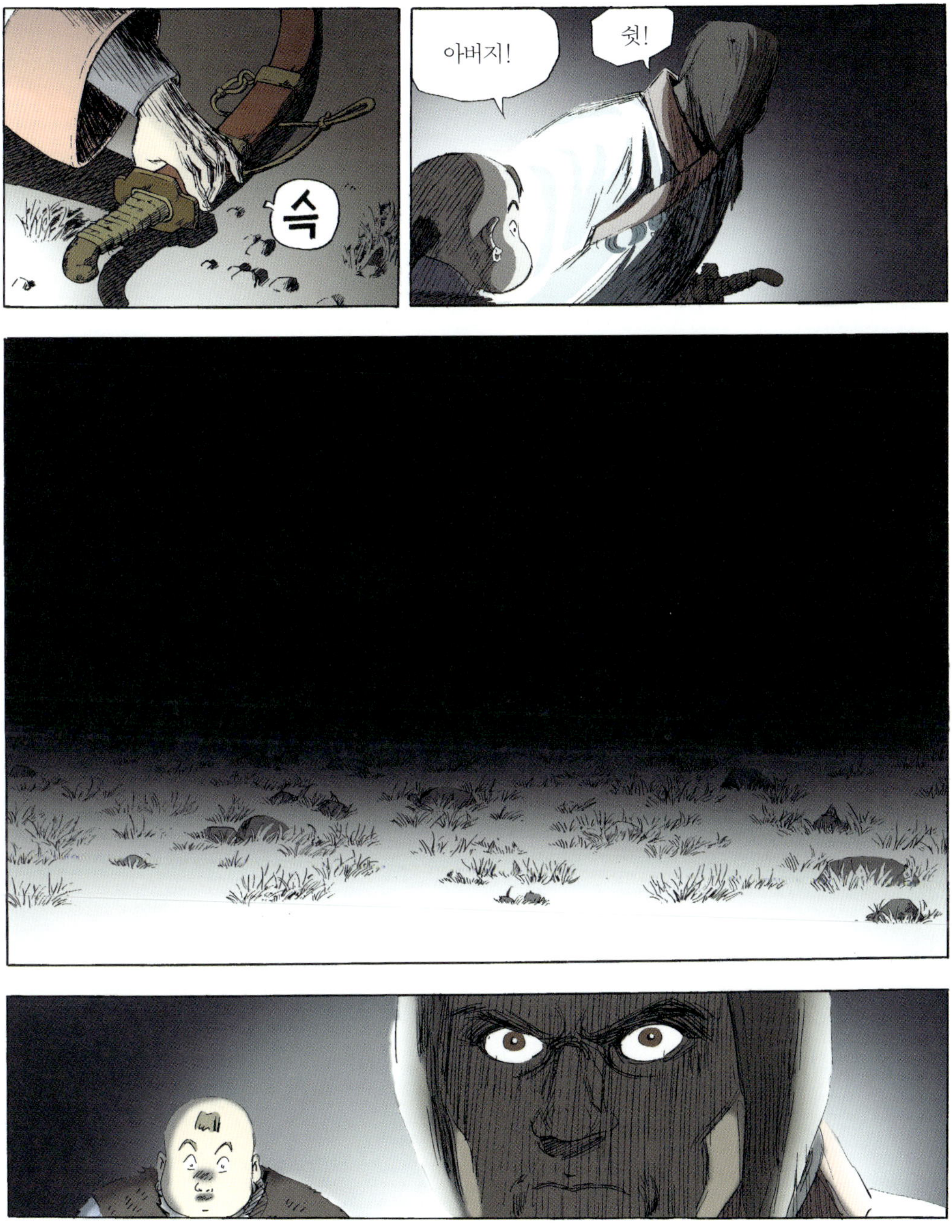

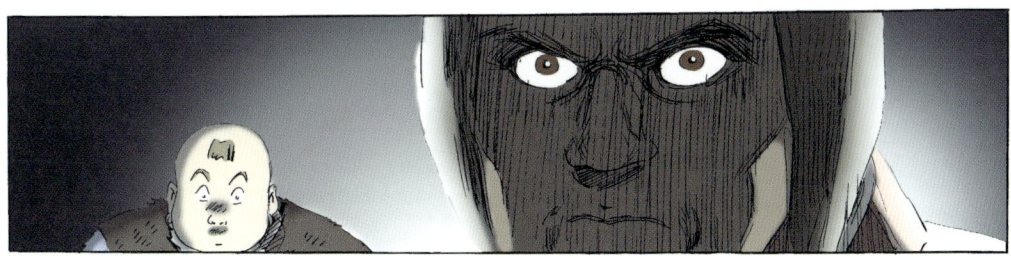

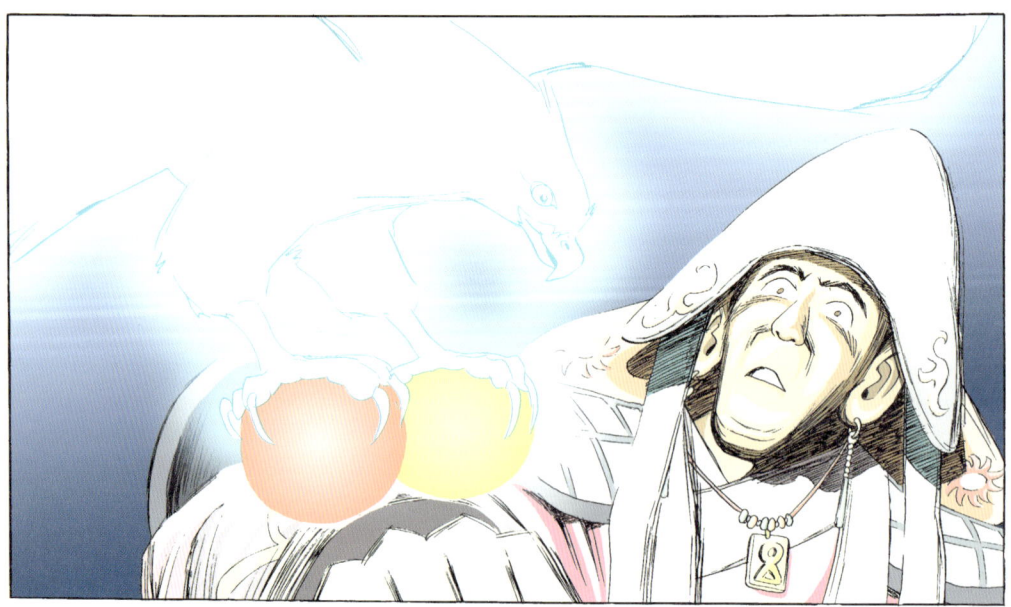

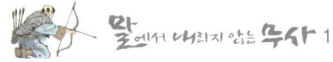 말에서 내리지 않는 무사 1

해와 달을 움켜쥐고
흰 송골매가 내 팔뚝에
앉았다.

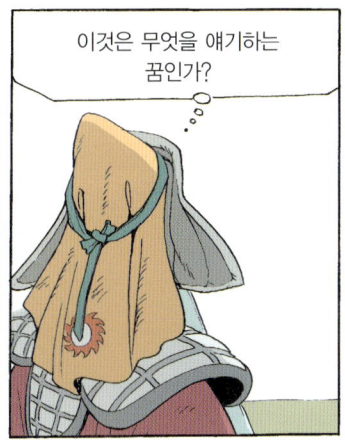

이것은 무엇을 얘기하는
꿈인가?

안녕하세요.

반갑습니다.

어디로 가는
중입니까?

이 아이는 내 아들
테무진입니다.

색시를 구하러
가고 있지요.

오! 당신의 아들은 눈에 불이 있고 얼굴에는 빛이 있는 소년이군요!

당신과 아들을 만나려고 어젯밤 꿈을 꾼 것 같소!

우리 집으로 갑시다. 내 딸을 보여드리겠소.

아버지, 난 싫어. 긴 얼굴을 닮았으면 어떡해.

부르테, 손님에게 인사드려라.

어서 오세요.

아드님보다 한 살 많은
열 살입니다.

따님이 예쁘고 건강하고
영민해 보입니다.

마음에
드십니까?

저는
물론이고
테무진도
마음에 드는
모양입니다.

….

따님을 며느리로 삼게
해주시오.

여러 번 청해야 주면 우러러보고
단 몇 차례만 청해도 주면 업신여기지만
딸 된 사람의 운명은 태어난 집 문전에서
늙지 않는 것! 내 딸을 드리리다!
당신 아들을 사위로 두고 가시오!

고맙습니다! 사돈!
내 아들을 사위로
맡기겠습니다!

턱

내 아들은 개를
무서워하니까
개한테 놀라는
일이 없도록
해주세요.

잘 알겠습니다.
사돈.

약소하지만
데리고 온 예비마를
선물로 드리겠습니다.

태무진, 너
봉 잡았다.

네 장인 데이 세첸은 초원에서
평판이 좋은 인물인 데다 초원에
흩어져 있는 가축을 봐라.
부자야.

네가 힘들 때 큰
도움이 될 것이다.

1년 동안 여기 머물면서
장인, 장모를 부모처럼
생각하고 잘 모셔라.

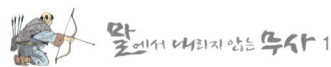

말에서 내리지 않는 무사 1

부르테는 장차 초원의 강자로
군림할 집안의 여자가 되는 것이니
테무진을 하늘처럼 모셔야 한다.

이번 일은 잘됐어.
사돈, 색시 다
마음에 들어.

내일이면 집에 도착할 수 있겠군.

떡떡떡

지나가는 나그네여.

!

바쁜 걸음이 아니라면 그늘에서 쉬었다 가시지요.

나그네가 낄 자리가 있습니까?

어서 오시오.

타타르족!

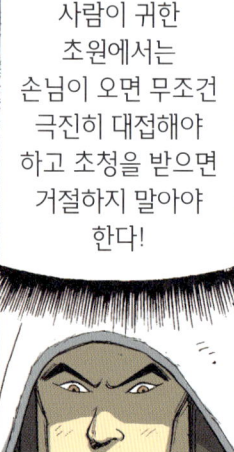

사람이 귀한 초원에서는 손님이 오면 무조건 극진히 대접해야 하고 초청을 받으면 거절하지 말아야 한다!

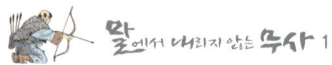

나는 초청을 받았다. 내키진 않지만 초원의 법칙대로 무조건 응해야 한다.

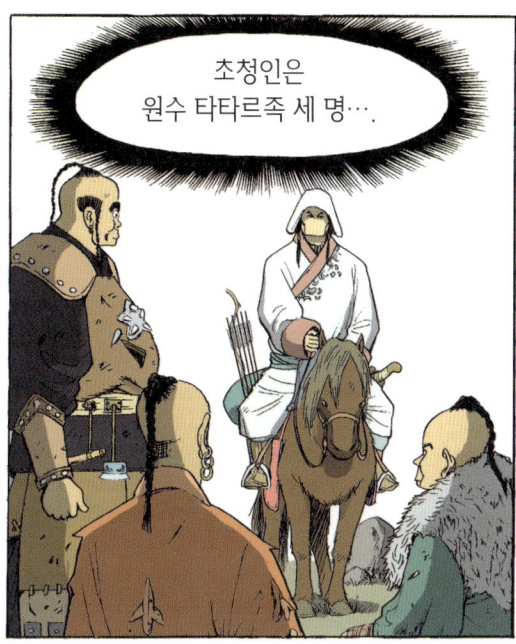

초청인은 원수 타타르족 세 명….

내가 몽골족의 예수게이인 줄 알고 있다면 저렇게 태연하게 앉아 있을 수 없다. 모르고 있는 거다.

게다가 세 명쯤은 싸움이 붙어도 꿀릴 것 없다.

그렇잖아도 목이 컬컬했던 참이었소.

염치 불구하고 앉겠소.

자! 마유주 한잔 드슈!

우리 집 마유주는 맛있어서 내 마누라를 훔쳐가려는 놈들이 많을 정도요.

크흐흐, 그건 네 생각이지.

시끄러! 자네들도 우리 집 마유주를 마셔봐!

꿀꿀꿀

또 달라는 말을 안 할 수 없을걸.

···.

초원에서는 첫 잔을 마시기 전에 세 번 술 방울을 튕긴다. 하늘과 땅과 사람을 위하여.

하늘이시여, 우리를 굽어 살피소서.

땅이시여, 시들지 않은 풀밭을 주시어 가축을 살찌게 해주소서.

가족이 건강하게 오래 살 수 있도록 해주소서.

말에서 내리지 않는 무사 1

자!

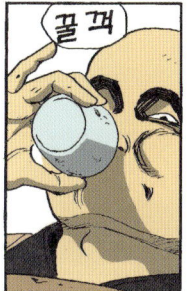

꿀꺽

꿀꺽

꿀꺽

나하고 같은 주머니에서 나온 마유주를 마신다. 독이 없다는 증거.

주우욱

어때요? 최고죠?

그렇게 물으면 대답하기 어렵잖아.

말린 양고기랑 같이 먹으면 내 말이 거짓말이 아니란 걸 알 겁니다.

!

…ㅇㅇ

의심 많긴…

!

탁

좋은 풀을 많이 먹여서
키운 양고기입니다.
먹어봐요.

음! 맛이 좋아요.
고소한 맛이 입안에
꽉 찼어요.

자, 두 번째
마유주 주머니를
비웁시다!

나는 갈 길이 먼데
이것 참….

초원의 남자가 이깟 마유주
몇 잔에 말을 못 탄다는 건
말도 아니지요.

그럼….

똑바로 대요!

내… 내가
왜 이러지?
마유주
세 잔에….

아! 어지러워!

그… 그만
일어나야겠소.

나… 나그네의
배고픔을 채워줘서
고맙소.

나그네
좋아하시네!

너를 모르는 타타르족은 없다! 예수게이!

슥

스윽

!

이 타타르 새끼들! 나… 나를 기다리고 있었군!

나를 죽이려고 수… 술과 안주에 약을…!

그… 그… 그렇다!

윽! 젠장! 저놈을 안심시키려고 너무 먹었어!

또… 똑같은 상황이라면 불리한 건 너희들일걸!

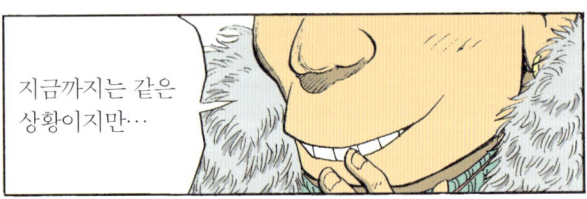

지금까지는 같은 상황이지만…

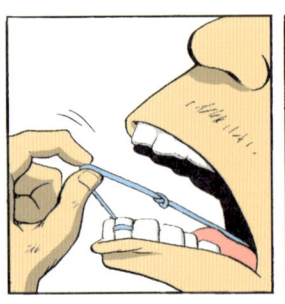

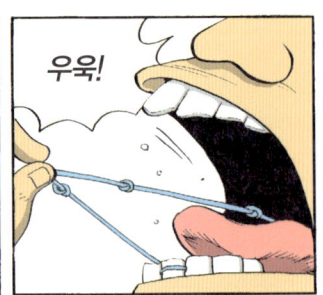

우욱!

우웩!

이빨에 줄을 걸어
목구멍 안으로
늘어뜨려놓고
토할 준비를
하고 있었구나!

우웩!

우웩!

우웩!

나… 나도!
손을 넣어서
토해버리자!

켁!

빌어먹을!
더 이상
나오지
않아!

어서 말을!

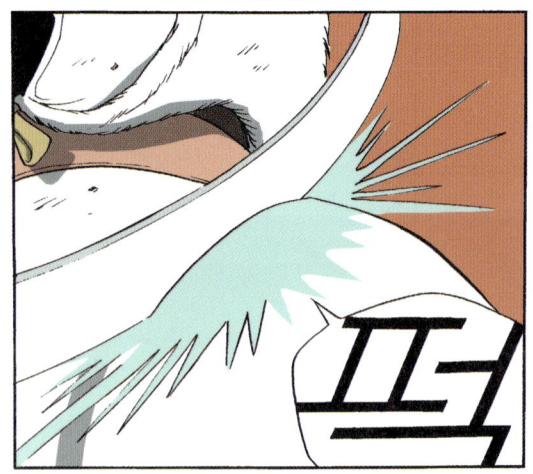

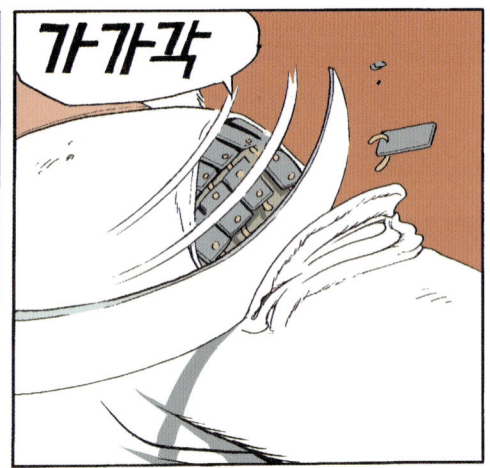

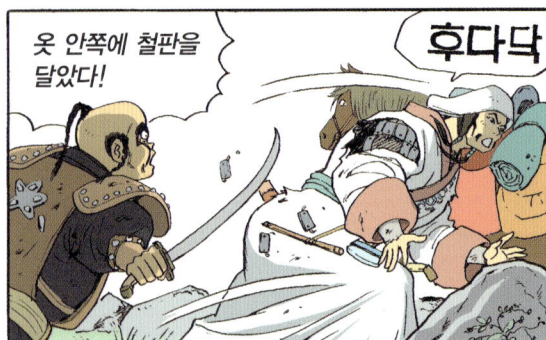

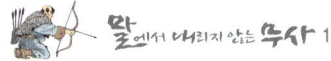

망할!

세 명이 여섯 명…
아니 아홉 명…

이러면 안 되는데….

이야!

깡

우윗!
굉장한
힘이다!

깡

깡

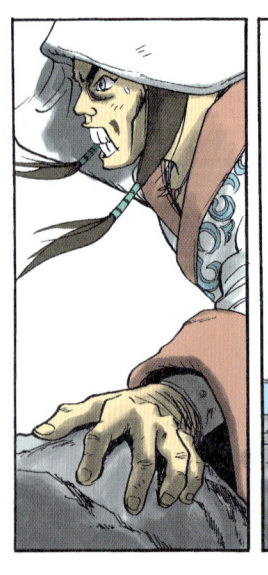

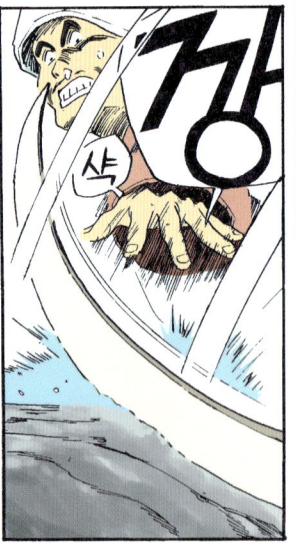

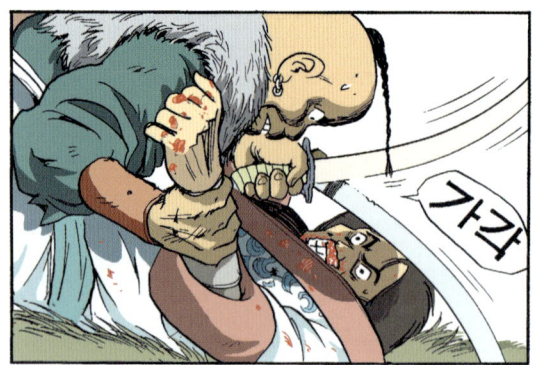

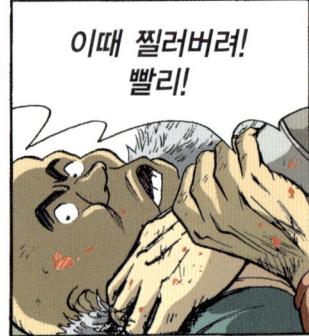

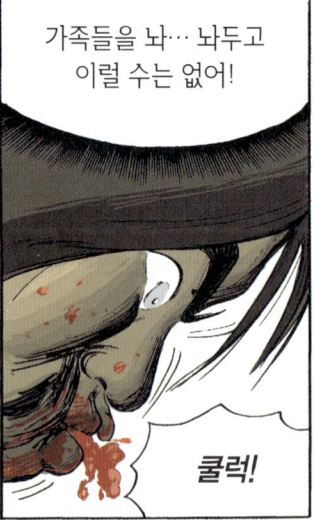

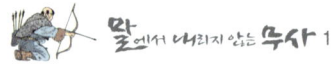

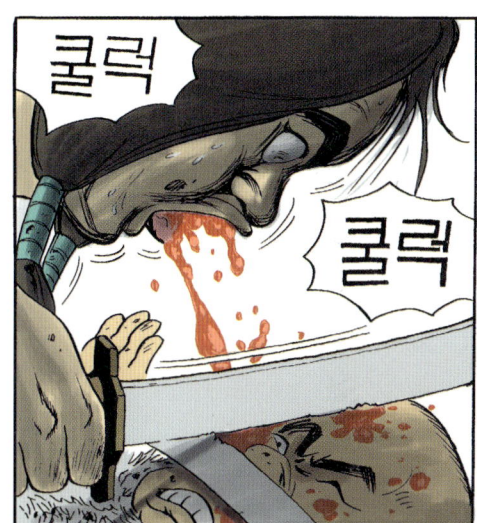

초원의 복수는
살아남은 자의
의무다!

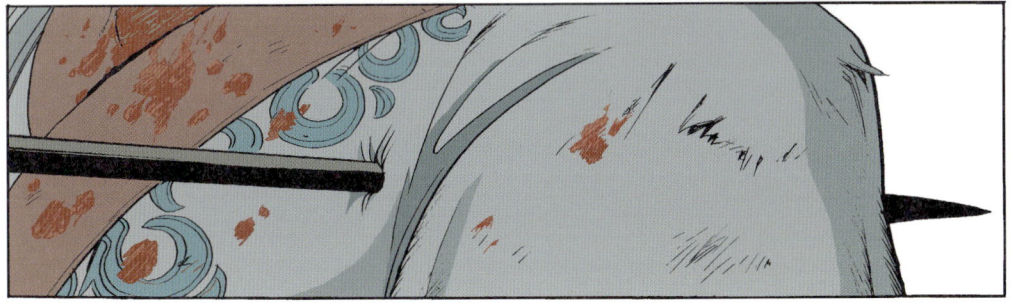

147

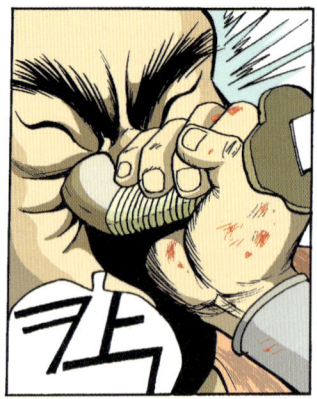

우욱!

후웃

카… 칼에 느낌이 왔는데 반응이 없어?

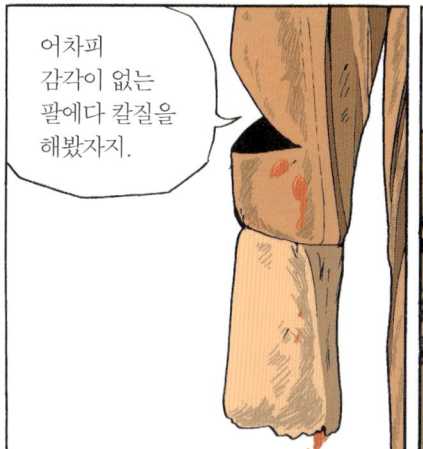

어차피 감각이 없는 팔에다 칼질을 해봤자지.

너… 너를 죽이고 네 아들 테무진도 죽이러 갈 것이다.

테… 테무진을?

테… 테무진이 데… 데이 세첸의 집에 사위로 남아 있다는 것을 알고 있지!

!!!!

아버지! 지금 예수게이가
죽는 모…모습을…
꼭 보세요!

휘청

마… 망할!

캑

!

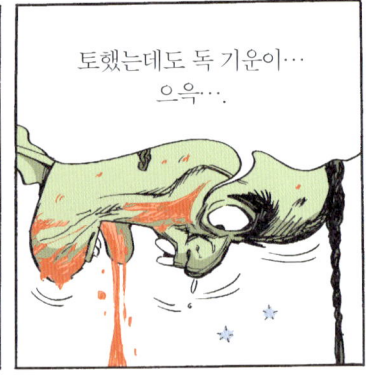

토했는데도 독 기운이…
으윽…

쿨럭

거… 거기 서,
예수게이!

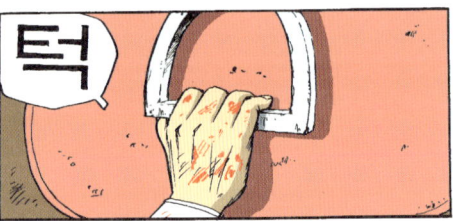

턱

가…
가야 돼.

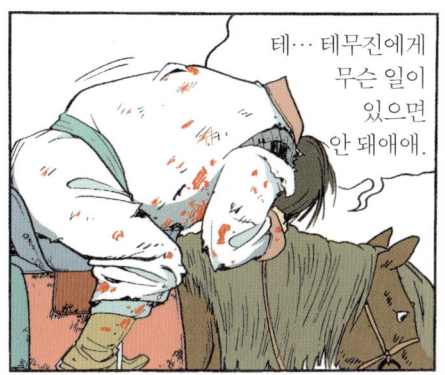

테… 테무진에게 무슨 일이 있으면 안 돼애애.

이… 이랴.

턱 턱 턱

거… 거기 서라아.

쿨럭 쿨럭

왜… 왜… 안 달리는 거야! 달려! 어서!

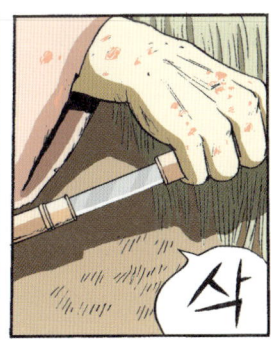

삭

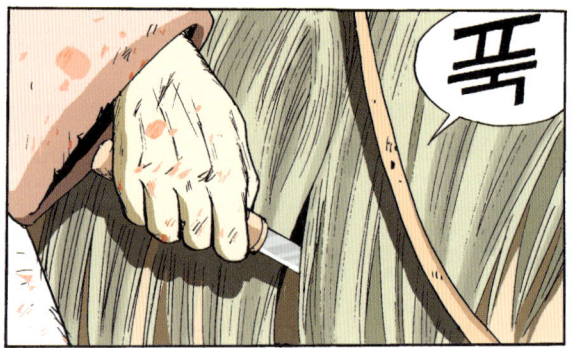

푹

히히힝!

그… 그렇지!
집으로 달려!

턱 턱 턱

쉬… 쉬지 말고!

턱 턱 턱

턱 턱 턱

히힝!

턱 턱 턱

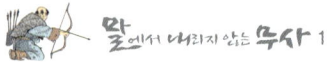

그… 그 작자는 테무진이
있는 곳을 알고 있는데…
빨리 가야 한다.

아아 어지럽다….
하… 하늘과 땅을
구별하기 어렵구나.
아아.

죽으면 안 돼.

어린 새끼들은
어떡하고 후엘룬은…
수치겔은….

아아… 누구 없어?

아… 아무도 없어? 귀신이라도
대답해다오. 아아아….

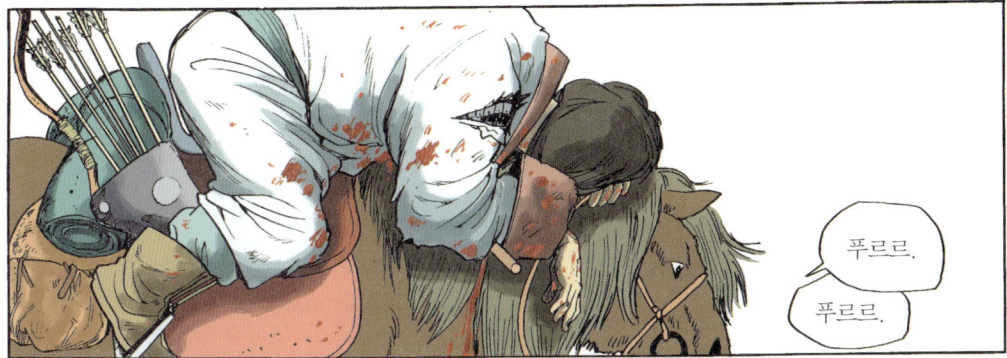

푸르르.

푸르르.

후엘룬 님 나와 보세요! 빨리요!

척

아아악! 예수게이!

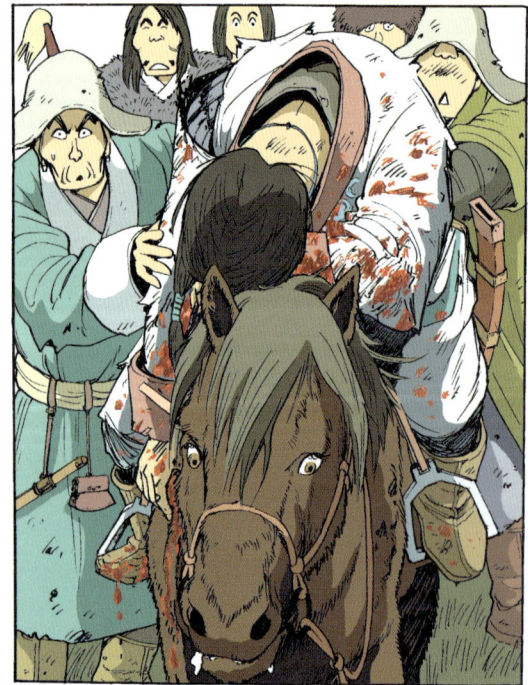

어쩐지 맑은 하늘이 맑게 보이지 않는다 했더니 이런 일이!

예수게이! 어떻게 된 일이에요? 내 말 들려요?

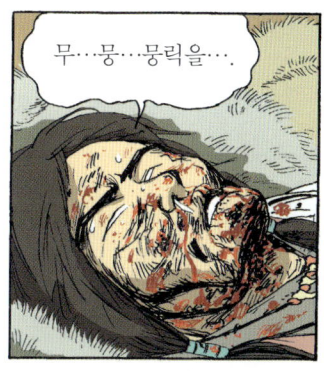

무…뭉…뭉릭을….

수치겔! 뭉릭을 불러와! 어서!

예수게이 님!

…

테… 테무진이 위험해 빠… 빨리 데리고… 와….

이랴!

이랴!

쿨럭

쿨럭

네 마지막 모습을 하늘에 계신 아버지에게 보여드리겠다.

하… 하늘에 계신 아버지가… 어… 어떤 놈이냐?

끄으윽.

거… 거친… 초원에 어… 어린 자식들을 놔두고 죽… 죽으면….

테… 텡그리 신이시여… 왜… 나를 데리고 가시나이까아아… 아….

예수게이 님!

흥! 잘 죽었다!

테무진, 눈물을
거두어라.
초원에 필요한 건
빗물뿐이다.

159

## 《2부》 죽음의 칼날 위에서

우리의 큰 경쟁자인 예수게이가 죽었소.

이제 우리 타이치우트족의 장래를 걱정해야 할 때요.

많은 몽골족 중 제일 막강한 부족이 타이치우트족이었고 그 다음이 예수게이의 키야트보르지긴족이었다.

이 기회에 빨리 쿠릴타이를 소집해서 타르구타이 님을 칸으로 올려야 합니다.

어험!

쯧쯧, 예수게이가 죽은 지 얼마나 되었다고.

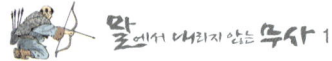

아무래도 테무진이 걸립니다.

후엘룬이 테무진의 권리를 주장하고 나오면 무시할 수 없잖아요.

맞습니다. 테무진이 나이는 어리지만 시간이 지나면 눈엣가시 같은 존재가 될 거요.

군사력은 우리 타이치우트족이 위인데 예수게이의 어린 아들 때문에 쩔쩔매다니….

그럼 어떡합니까? 동족의 어린이에게 다짜고짜 칼을 들이댈까요?

어른답지 않다는 소문이 초원에 퍼지면 고개를 들고 다닐 수 있겠소?

조금만 기다려 보시죠. 곧 죽은 예수게이의 가족회의가 있을 겁니다.

형제가 죽으면 그 부인과 형제 중 한 명이 합치는 것이 초원의 법이다.

셋째 옷치긴은 무슨 생각이냐?

…

당연히 막내가 책임져야죠.

아닙니다. 연장자인 큰형님이죠!

예로부터 막내는 부모님을 모시고 살다가 아버지가 죽으면 게르와 목축지를 물려받지 않느냐.

그것은 집안 대소사를 책임진다는 의미야.

극 극

다수결로 결정한다.

나는 막내!

나도 막내!

툭

！

예수게이의 막내가 후엘룬과 결혼한다면 테무진은 더 이상 예수게이의 아들이 아닙니다.

…

그렇구나!

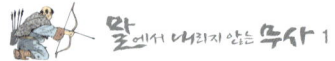

제수씨 곧 막내 다리타이의 아내가
될 테니까 준비해두시오.

!

하하하! 겨울 찬바람에
실성이라도 하셨어요?

!

내가
다리타이의
아내가
된다면

테무진은
누구의
아들
입니까?

그것은
예수게이의
모든 권리를
포기한다는
의미예요!

타이치우트족이
몽골족을
대표하게 될
겁니다!

나 후엘룬은 영원히
예수게이의 아내로
남겠습니다!

아들 테무진도
예수게이의 아들로
남겠습니다!

거절했다는데?

에?

그럼 초원의 법을 거부한 사람입니다.

내쳐도 누구 하나 흉보지 않을 것입니다.

거친 초원에서 가장 없는 가족이 살아남기란 세 살짜리 아기가 늑대 가죽을 벗기는 일만큼 불가능하지요.

벡테르 형, 봄에 집 나간다고 했잖아.

이젠 나갈 필요 없어.

테무진 어딜 가느냐?

사냥이요. 강가에서 여우를 봤대요.

오늘은 멀리 가지 마라. 제사가 있는 날이야.

부근에서 쇠똥이나 모아 오너라.

예.

애들아, 가자.

픽

앗!

훅

!

턱 턱

벡테르! 쇠똥 주울 준비하고 나와!

턱 턱 턱

콱

벡테르! 귀가 막혔어?

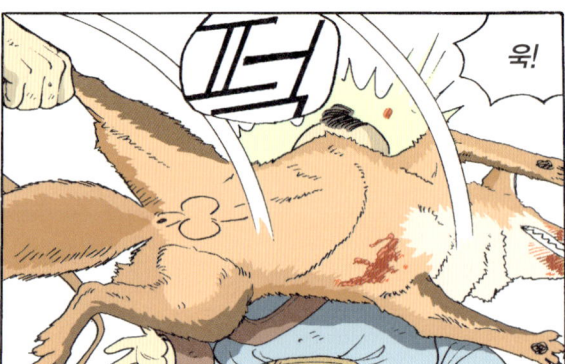

ㅍ턱

윽!

네가 잡으려던 여우야.

턱 턱 턱

후엘룬 님!

오후에는 날씨가 안 좋을 것 같아서 지금 제사를 지낸답니다.

예?

테무진! 수치겔! 제사 시간이 당겨졌다! 서둘러라!

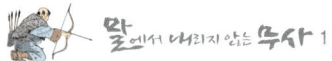

이랴!

!

턱 턱 턱 턱

제사는 끝났다.
후엘룬!

!

테무진은 음복하고
너희들은 제사 음식을
챙겨라.

네 이년!
선조의 제삿날
무슨 짓이냐!

제사에 늦었으니
음복도 제물도
없다!

테무진은 예수게이의 후계자입니다!

단순히 늦었다는 이유로 제사에서 제외된다는 것은 부당합니다!

내 입에서 두말은 없다!

• 몽골족 특히 왕족에게 있어서 제사 때 음복을 못하고 제물을 나눠받지 못한다는 것은 최대의 굴욕이었고 이는 일원으로 인정받지 못한다는 의미이다.

그럴 순 없습니다!

음복과 제물이 없으면 한 발짝도 물러나지 않겠습니다!

신성한 제사 때 여인의 큰 목소리라니….

과부가 되더니 제정신이 아닌가 봐.

고약하다! 초원의 규율을 지키지 못한 것도 모자라 조상의 제사에까지 늦어 몽골족의 정신을 혼탁하게 만드는 후엘룬과 더 이상 함께할 수 없다!

결국 이거였군!

제사 시간을 바꾼 것도 전령을 늦게 보낸 것도 다 우리 가족을 내쫓기 위한 수작이었어!

수작이라니! 네가 지금 우리 타이치우트족의 명예를 더럽히려고 하느냐!

몽골족의 영화를 위해서 온몸을 바친 예수게이에게 이럴 수는 없다!

이 비열한 인간들! 나의 통곡이 텡그리 신에게 닿는 순간 당신들은 저주받을 것이다!

너를 청해서까지 주는 법이 아니다! 네가 마주치면 먹는 법이다! 너를 모셔와서까지 주는 법이 아니다! 네가 오면 먹는 법이다!

제사는 끝났다! 모두 하와르자로 떠난다! 게르를 해체하라!

● 하와르자: 봄 목축지, 조슬랑: 여름 목축지, 나마르자: 가을 목축지, 우불져: 겨울 목축지. 몽골 유목민은 1년에 두 번에서 네 번 이상 풀을 찾아 거주지를 옮긴다.
《몽골비사》 유원수 역, 사계절 / 《몽골의 바위그림》 장석호, 혜안

이대로 떠나면
테무진이 자라서 너희들을
용서하지 않을 것이다!

이제 몽골족의 정신은
우리 타이치우트족이 계승한다!
함께하는 사람은 누구나
환영한다! 결정은 여러분의
몫이다!

와

타이치우트!

타이치우트!

와

와

출발!

두두두두

두두두

떠나면 안 돼요!

타이치우트족은 떠나더라도
우리 키야트보르기진족은
남아서 테무진과
뭉쳐야 합니다.

후엘룬 님, 미안합니다.
어린 테무진에게 우리 목숨을
맡길 수는 없어요.

우르쿠테!
당신은 남아야지요!

마찬가지예요.
나는 노모가 계셔서
남을 수가 없어요.

171

제발 떠나지 말아요!

집 떠나는 남편 잡듯이 극성이구만.

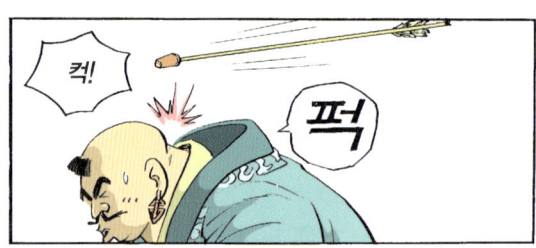

컥!

쩍

뭐… 뭐냐!

나쁜 놈들! 아버지가 살아 있었으면 이럴 수 있겠어?

처갓집에서 버티지도 못하고 되돌아온 놈이!

쩍

버릇없기로는
그 어미에
그 자식이군!

타르구타이!
가만두지
않을 거야!

다음에 만날 때는
코오착살로 너의 머리를
박살내고 오도라살로
너의 심장을
뚫어주겠다!

• 코오착살: 사정거리가 긴 화살. 화살의 길이가 짧다. • 오도라살: 사정거리가 짧은 대신 위력적인 화살. 화살의 길이가 길다.

올투라이!
당신은
예수게이 님한테
말을 두 마리나
선물
받았잖아요!

그런데
떠나겠어요?

아침에
배신하고 저녁에
또 배신하는
초원이라지만
어떻게 이럴 수
있죠?

173

어서 가요!
과부와 꼬마에게
우리의 미래를
기대할 수 없어요!

죄…
죄송합니다.

떠나려면
빌려간 양을
갚고 가요!

미안해요.
타이치우트족이 떠나면
우린 또 초원의
먹잇감이 될 거요.

아저씨!
아버지와 함께했던
영광의 날들을
버리시나요?

영광의 날은
끝났다.
비켜다오.

나랑 같이 나물을
뜯으러 다닌 것이
며칠 전이잖아요!

나물은 이미
똥이 되어
없어졌소!

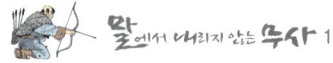

아, 떠나버렸구나!
우리를 버리고
가버렸구나!

삼촌들이다!

!

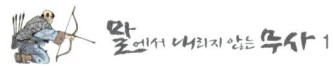

아주버님들은 왜 이제 나타나셨죠?

떠나는 자들을 붙잡고 있을 때 뭐 하고 있었죠?

모두들 이미 마음이 돌아선 것 같아서 소용없는 짓이었어요.

험!

아주버님들도 우리에게서 떠나실 거죠?

우리는 안 갑니다!

형수님 가족을 두고 떠나다니요!

말 머리가 떠난 사람들 쪽을 바라보고 있잖습니까.

!  !  !  !

남겠어요. 이대로 떠난다면 동생 예수게이의 낯을 어떻게 본단 말이오.

잘하면 금방 세를 확장할 수 있어요.

힘 없는 부락을 봐놓은 곳이 몇 군데 있거든요.

이렇게 어정쩡하게 몰려 있으면 송골매의 공격조차 막기 힘듭니다. 어서 떠나세요.

만약 타타르족이라면 누굴 공격하겠습니까? 호시탐탐 노리던 메르키트족은 어쩌고요?

지금은 각자 살길을 찾아 떠나야 합니다.

슬퍼할 시간을 길게 만들지 말고 가라니까요!

형수님!

타

언덕 위에 아주버님들의 머리꼭지가 보이지 않게 빨리 달려가세요!

대신!
나중에 우리가
살아남아서 테무진이
꺾이지 않는 화살처럼
힘이 세지면
돌아와주세요!

예수게이 칸은 보르항 산을 향한
정성에서 이긴 뒤 지를군 부락
양 100마리, 말양 30마리,
소 20마리를 받고 뉘헤툴에게
넘어갔지도 전에 대자의 몸이
나가촉극대 운이 명춘한 소가 더
없어지고 전이 파탄이 온거지만
해피를 한탄 참여 많이나~~.

어흐흐흐.

당신도 떠나세요. 뭉릭.

저는 끝까지 같이 있겠습니다.

우리 때문에 아버지까지 잃으셨는데 그럴 순 없습니다.

저는 타이치우트족 밑에 가지 않습니다.

동쪽의 자다란족으로 가시면 되지 않습니까?

함께 가시지 않으면 안 움직이겠습니다!

떠나세요! 이건 선택이 아니라 명령입니다!

마님!

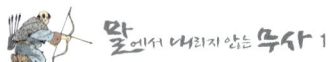

테무진!

뭉릭 아저씨!

두두두두

!

두두두두

이 깃발 아래에서 미래를
맹세했던 몽골인들이여,
이 깃발과 함께 초원을
질주했던 무사들이여!
이 깃발이 휘날리면 심장이
마구 요동치던 초원의
푸른 늑대들이여!
테무진이 깃발을 다시
꽂는 순간 폭풍우는 멈추고
어둠은 걷히니
몽골족은 다시 하나가 되리라!
그때를 기다려라!

등에는 안장에 쓸린 상처가 있고
꼬리털은 빠져버린 오록 싱콜라를 타고
**죽으면 죽고 살면 살리라!**

● 오록 싱콜라: 등줄기는 검은 털, 다른 부분은 푸른 빛이 나는 흰 털로 덮인 말. 《몽골비사》, 유원수 역, 사계절

부르테!

부르테!

부르테는 또 저 언덕 위로 갔어.

저런!

또 사위 테무진 걱정을 하고 그쪽 방향을 보고 있는 거지.

사위는 무슨! 3일 있다가 떠났는데!

한 시간을 있었어도 이미 정해졌으니 사위지.

또 왔군.

영감, 형편이 어려운
테무진은 잊어버리고
자무카를….

쓸데없는 소리!

자무카가
훌륭한 아이인
것은 틀림없지만
이미 끝난 일!

테무진 가족이
몽골족 무리에서
떨어져 나갔다는
소식을 들었지만
메르키트족과 타타르족의
눈에 띌까봐 함부로
나설 수도 없으니 참…

아유, 예쁜 자무카야.

저 입방정!

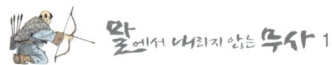

안색이 좋지 않구나. 부르테.

그분은 고생한다는데 내 입에 음식이 넘어가겠어?

넌 언제 봐도 얼굴만큼 마음도 예뻐.

테무진이란 놈 복도 많지.

그 뒤 소식은 들은 적 없어?

아직.

아무 소식이 없으면
잘 있는 거겠지.

네 일이 아니라고
그렇게 무심하게
얘기할 수 있어?

왜 내 일이
아니야?
부르테 일이
자무카 일이다.

그렇게
속 끓여봐야
달라질 것은
없으니까
마음 편히
가져.

자무카,
부탁 하나 하자.

얼마든지.

그이 있는 곳을
알아봐줘.
가보고 싶어!

너는 아직
정식으로 혼인
맺은 사이가
아니잖아. 그런데
찾아간다고?

그냥 먼 곳에서만이라도
그이를 보고 싶어.
그림자만이라도….

자무카 부탁이야. 응?

부르테….

어서 오시오! 뭉릭! 먼 길 오느라 수고 많으셨소!

카라카다안 님, 비천한 저희들을 품에 안아주셔서 감사합니다.

알알

비천하다니오! 텡그리 신을 모시는 무당이 자기 발로 우리한테 와주셨으니 오히려 우리가 영광이지요!

아버지!

아! 아들아!

자무카다! ♥

까악!

이분이 자무카 세첸?

그렇소.

세첸이라함은 현자를 뜻하는데 정말 얼굴에서 지혜의 빛이 느껴집니다.

하핫, 너무 과찬이십니다.

인사드려라. 예수게이 님이랑 같이 계시다가 이제부터는 우리랑 같이 지내실 뭉릭이라는 분이시다.

예수게이 님?

그럼 테무진이 어디 있는지 아시나요?

내가 5일 전에 떠나올 때는 소젖 짜는 언덕에 가족들이랑 있었지요.

같이 남아 있어야지,
왜 혼자 떨어져
나왔어요?

!

후엘룬 마님이
밀쳐내셔서….

아무리 세습 무당이라고는
하지만 자기를 보살피고
먹여준 주인에게
등을 돌리다니!

자무카, 지금 초원은 혼란의 시대다.
초원은 방랑자들로 넘쳐나고 있다.
우리 자다란의 텡그리 신은 그 방랑자들을
우리 가족으로 받아들이신다.

아들아.
사과해라!

휙

이럇!

까악!

자무카!

허어!

철이 없어
그런 거니까
너무 마음 깊이
두지 마시오.

여봐라! 뭉릭 님이 자리 잡을 곳을 안내해드려라!

예.

텡그리 신을 모시고 지내시기엔 저쪽이 좋을 겁니다.

아~.

듣던 대로 자다란족은 정말 크고 부자로구나.

말씀 좀 묻겠습니다. 소젖 짜는 언덕이 왼쪽인가요, 오른쪽인가요?

오른쪽이야.

거기 가려고? 보아하니 자다란족인 것 같은데 거기는 안 가는 게 좋을걸.

어제 아침에 타타르족이 나타나서 쓸어버렸거든.

!

이럇!

가봐야 먹다 남은 양 뼈 하나 주울 게 없을걸, 뭐.

아!

말발굽으로 봐서
20명 정도의
타타르족이 왔는데….

여기 있던 테무진 일가는
가재도구를 챙길 시간도 없이
도망쳤구나.

도망친
말 발자국이다.

!

여기서 발자국이
끝났는데
강 위쪽이냐?
아래쪽이냐?

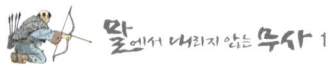

살아는 계신단
말이지!

고마워,
자무카!

네가 있어서
얼마나 든든한지
모르겠어.

그이를 만나면
이 목걸이를 드려.
부르테기 기다리고
있다고 전해줘.

턱 턱 턱

턱 턱 턱

턱 턱 턱

부르테….

아버지, 테무진 가족이
살아남을 수 있을까요?

쉽지
않을 거다.

그들은
무리에서
버림받은
늑대다.

늑대는 무리져야 힘이 있다.
홀로된 늑대는 살 수 없다.

친척이나 옛 부하들이
도와주지 않을까요?

예수게이 님이 죽은 뒤
키야트보르지긴족은
타이치우트족의 눈치를 보고
있으니 그마저 어렵다.

우리가 도움을
주면….

민감한 일이다.

우리 자다란족이
타이치우트족과 힘이
비슷하니까 도움을
줄 수는 있겠지만
테무진의 가족 때문에
몽골족 전체의
분위기를 망가트릴
수는 없다.

그렇게 어려운
상황인데도
혼자의 힘으로
살아남는다면요?

강한 키야트보르지긴족에다
예수게이의 아들이며
핏덩이를 쥐고 태어난 아이가
고난을 이겨내고 당당히
세상 앞에 나온다면?

초원에 피바람이
몰아칠 것이다!

걷잡을 수 없는
피바람이….

아버지도 그들이
죽기를 바라세요?

！

외삼촌이
그랬어요.

테무진이 죽는다면
미래의 경쟁자가
사라지는 것이니
좋은 일이라고.

테무진이 죽으나
살아 있으나
크게 다를
것이 없다.

테무진은 이미
경쟁력을 잃어버렸다.

홀로된 아이에게 누가
말을 주겠느냐? 누가
양젖을 주겠느냐?

초원은 힘이 있어야
존재를 느끼는
곳이다!

처음부터 끝까지
힘! 힘!

그나저나 부르테가
테무진을 못 잊고 있다니….
쯧쯧, 가엾은 아이….

너도 이젠 부르테를
잊어버리고 장가를
들어야 하지 않느냐?

소젖 짜는 언덕에는
아무도 없었어요.

!

마님이 추위가
오기 전까지는
머물
거라고
하셨는데….

옮길 만한 곳이나
짐작 가는 데가 있어요?

이 무당, 나를
경계하고 있군.

오논 강

앙앙앙!

엄마, 배고파!
앙앙앙!

그래도 울 수 있는
힘이라도 있으니
다행이다.

열 식구가
먹어야
하는데
이젠 열매도
없구나.

잉잉.

테무진이 뭘
잡아와야 할 텐데.

아이고
다리야.

형 그만
걷자.

큰 소리 내지
마라. 음식이
도망친다.

쉿!

산양이다!

카사르!
너는 반대편으로
돌아가!

멍청이!
뛰지 말고!

조금만 더 가면
활을 쏠 수 있다.

조금만 더….

어!

!

젠장!

마님, 많이
따셨나요?

코아그친, 오늘도
배부르긴 틀렸어요.

말젖이나 짜 먹읍시다.

형님, 저걸 보세요.

!

우리가 말젖을 너무 짜내서 새끼 말이 먹을 젖이 없어요.

쿠힝.

어미 젖을 코로 들이받지만 어디 나올 게 있나요.

테무진은?

오늘도 허탕입니다.

새끼 말을 잡아!

!

말 마릿수도 많지 않은데 자꾸 이러면….

사람이 먼저 살아야지!

히히히힝.

어미 말 울음 소리가 그치질 않는구나.

와~ 이 냄새 죽인다.

기다려, 아직 익지 않았다.

후루룩

앗 뜨거워!

충분하니까 천천히들 드세요.

어떻게든 살아야 해.

수치겔, 새끼 말 머리랑 발굽을 버리지 마라. 뼈를 고을 때 같이 넣자.

발굽도요?

씹을 수 있는 건 모두 챙겨!

벡테르! 그만 먹어라! 이미 두 그릇이나 먹었잖아!

당신이 뭔데 나한테 명령이야!

!

오늘 음식은 며칠 동안 나눠 먹어야 한다.

오늘 다 먹으면 내일은 무엇을 먹지?

먹을 것이 있을 때 실컷 먹어둬야지.

내 말을 듣기 싫으면 집에서 나가!

명령하지 말라니까!

거적때기 집도 집이라고 나가라고 겁주는 거야?

이 안에서 자나 밖에서 자나 다를 게 뭐 있다고!

집 무너져! 임마!

싸우지 마라!

싸운다는 얘기는 힘이 비슷비슷할 때 쓰는 거야!

익!

이건 갖고 노는 거지!

앗!

쾅

이 자식이 테무진 형을!

네 형이지 내 형이냐?

다 덤벼!

이젠 패싸움까지 하는 거냐! 그만둬!

쾅

익!

폭삭

화롯불
조심해라!

더 들어!
옳지!

벡테르, 너 뭐 해!
도와야지!

이런 것도 필요할지
모르겠네.

…

벡테르, 벨구테이,
나를 따라오너라.

해줄 얘기가
있어.

!

!

이렇게 어려운 때에 가족끼리 힘을 합쳐야지.

가족은 무슨 가족!

네 아버지 예수게이 님이…

예수게이 얘기 하지 말라니까!

널 미워한 것이 아니다.

네가 예수게이 님을 미워한 것이다.

그 모든 원인은 어미에게 있다.

예수게이 님은 왕족이지만 어미는 평민이다.

큰어머니 후엘룬만 없었으면 네가 테무진의 위치를 차지했겠지만 귀족의 아내를 맞은 순간 희망은 사라졌다.

그랬구나.

이 어미가 못난 탓에 너희들에게 상처를 준 거야. 그러니 제발 생선 가시 같은 행동은 하지 않았으면 좋겠구나.

그게 왜 엄마 탓이야! 왜!

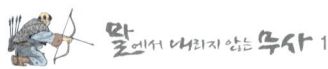

큰어머니와 테무진에게 협조해라.

알았어. 엄마.

엄마, 내가 봄이 되면 떠나겠다고 하고선 봄이 지나고 겨울 문 앞에 올 때까지 왜 안 떠난 줄 알아?

이 집의 순서를 바꾸려고! 후엘룬과 테무진이 대장이 아니고 나 벡테르가 대장이 되려고!

맞아. 형이 대장이 되어야 해.

그래도 우리의 운명은 바뀌지 않아.

그깟 운명 갈아엎으면 되지!

예수게이도 없는 이상 타이치우트족한테 버림받은 나나 테무진이나 똑같은 처지인데 쇠똥 같은 운명 타령이야!

맞아. 갈아엎는 거야.

이 자식은 간에 붙었다, 쓸개에 붙었다, 넌 누구 편이야?

벡테르 형 편이지.

넌 누구 편이야?

테무진 형 말고 누가 있어잉!

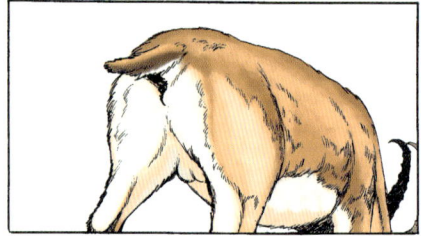

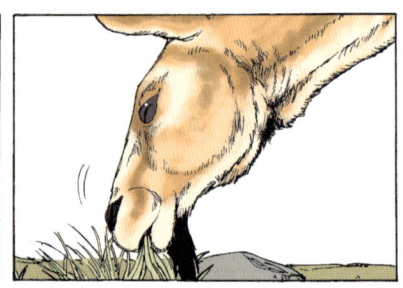

나는 말이었으면 좋겠어. 풀만 먹어도 배부르니까.

배불리 먹어본 적이 언제냐?

먹는다는 말 자꾸 하지 마!

먹는다는 게 뭐지?

크으~

억!

쥐… 쥐이는 냄새!

내가 냄새를 잘못 맡은 건 아니겠지?

후다닥

벨구테이! 와서 먹어라!

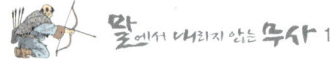

벡테르 형!

나도!

나도!

너희들은 기다려!

!

!

카사르! 카치운! 테무게! 너희들은 나를 형이라고 부른 적이 없어!

오늘부터 이 벡테르를 형이라고 부르면 먹게 해주지! 베테르 형이라고 해봐!

꿀꺽

꿀꺽

벡테르 오빠!

나이가 많으면 형이지 뭐. 헤헤.

그래 맘껏 먹어라.

이야!

고마워! 벡테르 형!

나는 후엘룬처럼 아껴서 먹으라는 말 안 하는 사람이야.

툭

엄마도 와서 먹어봐.

베… 벡테르.

잘난 테무진은 오늘도 사냥에 실패했다지?

그게 다 예수게이 밑에서 응석받이로 자란 탓이야.

그때 난 초원을 헤매면서 사냥법을 배웠지.

벡테르! 작은 열매라도 쪼개어 나눠 먹는 것이 가족이다.

설마 혼자 다 차지하려는 속셈은 아니겠지?

가족 좋아하네. 언제부터?

지금은 이 고기가 중요한 것이 아니라 고기를 잡은 사람이 중요해.

나와 테무진 둘 중에 누가 이 가족을 책임져야 할까?

나 벡테르야!

그걸 인정하는 사람은 고기 먹을 자격이 있다!

아니면 냄새만 맡고 평생 숲에서 열매나 따먹어.

**질서를 모르는 고약한 놈!**

가족들 생계를 위해 수고한 가장한테 말버릇이 형편없구만.

벡테르! 큰어머니에게 이러면 안 된다!

엄마! 이젠 그딴 얘기 그만해! 뭐가 큰어머니야!

후엘룬, 나한테 벡테르 씨~
하고 불러봐. 고기를 줄게.

벡테르 형이라고 해봐.
테무진, 응?

카사르! 너는
산양 고기를
먹고 싶지 않아?

아직도 자존심이
살아 있나? 배가
덜 고팠군! 핫핫핫!

턱

테무진!

이러지 마라!
테무진!

!

해볼
작정이냐?

턱

!

저… 저런!

테무진 형!

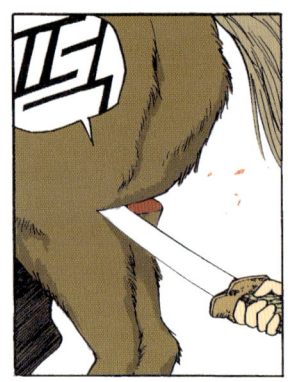

히히힝.

휘청

이야아!

이야아!

이얏!

테무진! 너 왜 이러느냐?

초원에서 말이 없으면 죽은 목숨이라는 걸 몰라서 이래?

헉 헉

헉

하마터면 저… 놈한테 형이라고 부를 뻔했어!

카사르, 애들을
불러와!

애들아, 그 고기
먹지 말고 이리
오너라!

말고기보다 산양 고기가
더 맛있는데.

**일어나!**

애들아, 너희들까지
이럴 필요 없다.
이 고기를
더 먹어라.

턱

엄마!
잘 돼가고 있는데
방해하지 마!

멍청한 놈.
내가 산양 한 마리 잡을 때마다
말을 한 마리씩 먹어치우면
나중에는 어떡할 생각이지?

자무카, 어젯밤
서리가 내렸어.

곧 눈이 내리고
칼바람이 불 거야. 제발
그이 좀 찾아줘. 응?

테무진을 찾으면
의형제를 맺어.

너보다 한 살 어리지만 좋은 사이가
될 수 있을 거야. 내 신랑과 어릴 적
친구가 의형제로써 초원을 함께 달리는
모습을 상상만 해도 행복하다.
그렇게 해줄 거지? 자무카.

우리가 겨울 목축지로
옮기기 전에 빨리
찾아야 돼.

그리고 보니
우리도 옮길 때가
되었구나.

!

뭘 찾고 있는
건가?

이봐!

!

이 부근에서 어린아이 일곱 명이랑 여자 세 명이 있는 것을 본 적 있나?

나도 찾고 있는 중이오.

이 자가 맞다!

정말!

네가 테무진을 찾고 있지?

흰말을 타고 독수리를 데리고 다니는 젊은이가 양을 세 마리 준댔다던데.

그렇소. 다섯 마리까지도 줄 수 있소!

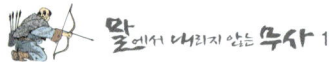

이 친구, 테무진 몸값을 모르는군.

다른 곳은 30마리 준다고 했어!

그럼 60마리 주겠소!

!

!

!

우리는 두 달 전부터 테무진을 쫓고 있다.

초원을 그물같이 쪼개서 뒤졌는데 아직 못 찾았다.

그렇지만 이제 남은 곳은 오논 강 북쪽뿐이니까 찾은 것이나 다름없다!

나는 양 60마리를 데리고 이곳에서 당신들을 기다리겠소.

테무진을 발견하면 오시오.

대신 테무진에게 아무 일이 없어야 하오.

물론이지!

양 30마리를 준다는 사람도 그렇게 얘기했어.

!

보상금을 노리는 인간 사냥꾼들!

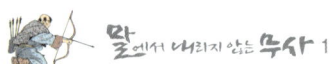

부르테, 곧 좋은 소식이 있을 거야.

그냥 예감이 그래.

저것 봐.

바로 그자들 중 한 명이야.

정말 기다리고 있었군!

테무진을 찾았어!

드디어 찾았구나. 그런데 한바탕한 모양인데…?

싸움이 있었소?

순순히 잡힐 리 없잖은가!

죽인 거요?

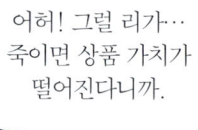

어허! 그럴 리가… 죽이면 상품 가치가 떨어진다니까.

!

왜 묶어놨소?

어린놈들이 반항이 이만저만 아니었으니까.

머릿수가
맞지 않는데.

덩치가 제일 큰놈은
사냥 나갔나 봐.

관계없어.
그놈은 싸구려고 우리는
테무진이 중요하니까.

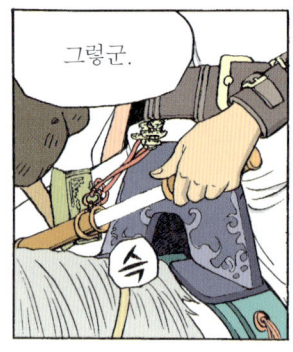

그렇군.

이제 양 60마리는
당신들 것이오.

!

이봐! 이제
끝난 거야?

얼굴 한 번
보겠다고
양 60마리를
주는 거야?

별 미친놈
다 보겠네.

데리고
가자!

일어나!

양 30마리짜리는
누구냐?

테…테…무…진.

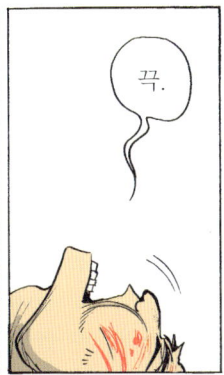

끅.

바보
같은 놈.

턱

!

까악!

안 돼!

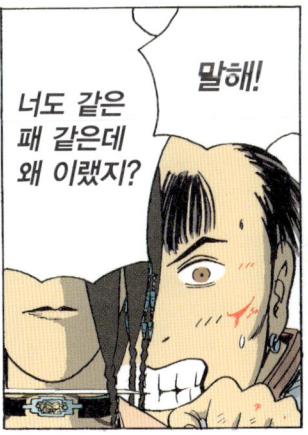

너도 같은
패 같은데
왜 이랬지?

말해!

사람을
처음 죽였나?
떨고 있어.

말해!

부르테….

!

나는 너와 혼약한
부르테의 친구
자무카다.

우리 자다란족과
부르테 집안은
가까운 곳에 살고 있어서
알고 지내는 사이다.

부르테와 나는
동갑이라서
어릴 적부터
친구다.

부르테는 테무진을 애타게 찾고 있다.

나를 믿는다면 내 칼을 돌려다오.

그런 줄 모르고 미안하다.

자무카, 우리를 구해줘서 고마워요.

크게 다친 사람이 없어 다행입니다.

부르테는 잘 있지?

몸은 건강하지만 테무진 때문에 마음은 아프다.

부르테는 너를 무척 만나고 싶어 한다.

이제 곧
날이 저문다.
난 가봐야겠다.

부르테에게
네 소식을
전해주마.

잠깐!

너는 나보다 한 살
많지만 현명함은
열 살이나 많아 보인다.
그만큼 네게 배울
것이 많다.

우리를 구해줬으니 네가 허락하면
의형제, 즉 안다를 맺고 싶다!

내 신랑과
어릴 적 친구가
의형제가 되어서
초원을 함께 달리는
모습을 상상만 해도
행복해.

좋다! 방금 전 싸울 때 너의 용기면 자격이 충분하다! 우리는 이 순간부터 형제다!

고맙다! 지금은 양의 복사뼈밖에 줄 수 없지만 훗날 성공해서 너에게 형제로서 커다란 자부심을 선물하겠다!

텡그리 신이시여! 나 자무카!

나 테무진은!

피를 나누지 않았으나 그보다 더 진한 의리로 형제가 되었음을 고합니다!

그 어떤 유혹과 이간질에도
우리 형제의 마음은 결코 변함이 없으니
부디 우리의 앞날을 굽어살피시어
찬란한 영광이 함께하길 비옵니다!
텡그리 신이시여어어어어!

안다가 되었다고?
정말 잘했어!

어디 다친 데는
없으시고?
많이 마르셨지?
키는 얼마나
크셨어?

내일 당장
그곳으로 가자!
안내해줄
거지?

아니!

!

테무진은 지금 너를
신부로 데려오는 것은
자존심이 허락하지 않는대.

형편도 어렵지만
위험하다는 거지.

그래서 자기가 데리러
올 때까지 기다려 달랬어.

그냥 멀리서
한 번만 볼게!
날 데려다 줘! 응?

안 돼!

목숨보다
중요한 것이
안다와의
약속이야.

게다가 거처가
알려졌으니 곧바로
다른 곳으로
옮긴다고 했어!

아아!
테무진!!

부르테!
떠날 준비
해야지!

겨울 목축지로 떠나는구나.

응. 내일 아침 일찍….

그러면 그이랑 더 멀어질 텐데.

자무카, 잠깐 기다려.

탁 탁 탁

부르테! 싸놓은 짐을 왜 다시 풀어?

우리는 다시 말리면 되잖아요!

그이 가족에게 말린 양고기를 갖다 드려.

이런 것도 안 한다고 형제로서 맹세한 건 아니겠지?

뚝 뚝

알았어. 말린 양고기랑 네 따뜻한 마음을 같이 전해주지.

고맙다. 자무카.

나는 너한테 매번 부탁만 하는구나. 너는 나한테 부탁할 얘기 없어?

들어줄게. 말해봐, 응?

없어.

자무카! 겨울 동안 잘 지내고 내년 봄에 또 보자!

터 터 터 터

형제여!

형제!

어딜 다녀오는가?

가젤 사냥.

그런데 가젤은 안 보이는구나.

내 화살은 허공을 가르고 땅에 처박히기 일쑤야.

내가 대신 사냥해줄까?

사양하겠어!

테무진 형제의
자존심은
배고픔보다
세구나.

대신 방법을
가르쳐줄까?

응.

사냥 방법은 아버지한테
배우는 건데 이제부터
우리는 형제가 아니다.

이제부터 나를
아버지라고 불러라!

**그럼 그만둬!**

그것이 싫으면 방법이 있다.
나 말고 좋은 사냥법
선생이 계시지.

그전에 집에 이
선물을 놓고 가자.

툭

부르테의
선물이다.

**아! 부르테!**

부르테는
언제?

여전히 아름답지. 때 묻지
않은 아침 이슬처럼….

턱 턱   턱 턱   턱

어젯밤에
한숨도 못 잤다.

부르테에게
달려가고 싶은 걸
참느라고 죽는 줄
알았어.

형제여,
활을 잡아라!

부르테는 꿈이고
가젤은 현실이다!

거리가 먼데
맞힐 자신 있어?

잘하면….

241

잘하면 맞힐 수 있다? 그건 확률이 낮다.

코오착살로 맞혔다 하더라도 치명적이지 않다.

그럼 어떡해? 숨을 곳이 없어서 다가가다간 들킬 텐데…

저 가젤은 우리 사냥감이 아니야. 주인이 있어!

!

늑대잖아!

늑대가 바로 너의 선생이야.

꼼짝도 안 한다.

으아암, 지겹다.

아무래도 늑대 한 마리로는 사냥이 무리인가?

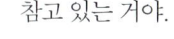

참고 있는 거야.

왜 참아?

자신이 없으니까 동료들이 올 때까지 기다리는 거 아니야?

사냥에서 가장 필요한 것이 인내심이다.

저 늑대는 자신한테 유리한 상황이 오기를 기다리고 있다.

인내심은 기회를 준다.

전쟁도 마찬가지야. 테무진.

!

전쟁을 겪어봤나?

세 번.

전쟁 때마다 아버지의 인내심을 봤다.

그 인내심은 승리와 직결됐다.

늑대는 강하고
가젤은 약하다.

약자의 인내심은
생존의 수단이지만
강자의 인내심은
정복을 위한
기다림이다.

암만 그래도
모르겠어.

내가 볼 때는 지금이
가장 유리한 순간인데…
가젤 떼는 먹느라고
정신이 없잖아.

그러니까 네가 번번이
사냥에 실패하는 거야.

!

그래, 내가 사냥에
서툰 것은 초원의 쥐들도
아는 사실이다.

늑대는 사냥할 가젤
한 마리를 이미 찍어
놨을 거야.

배가 충분히 부른 가젤은
바람이 없고 푹신한 풀이 있는
곳을 찾아 누워 잠을 잔다.

평범한 사냥꾼이라면
이때를 노리지만
늑대는 또 참는다.

잘 때도 코나 눈의 감각은
깨어 있어서 조금이라도
낌새를 눈치채면 도망치거든.

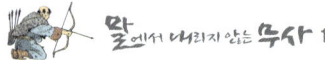

늘대라 해도 가젤을 따라잡기가 여간 버거운 게 아니야.

그래서 새벽까지 기다린다.

새벽까지?

날이 밝을 때쯤이면 밤사이 소변을 참아서 가젤들의 오줌통이 꽉 차 있는데 그 상태로는 도망칠 수 없어.

그대로 뛰다간 뒷다리에 경련이 오거나 오줌통이 터지기도 한다.

바로 그 순간, 소변 보기 직전의 순간이 늘대가 기다리는 기회야!

이건 늘대가 한 마리일 때의 이야기이고 여러 마리라면 이야기가 틀려.

아마 저 가젤 떼를 절벽으로 떨어지게 해서 몰살시킬걸.

늘대가 그렇게 똑똑한 줄 몰랐어.

늘대는 공부할 값어치가 있는 영물이다. 초원의 스승이다!

● 《늘대토템》 장룽 저, 송하진 역, 김영사

형제여, 이사는 언제 할 건가?

사냥 나간 벡테르가 돌아오면 곧바로 옮긴다.

부근에는 사냥감이 없어서 멀리 갔을 것이다. 3일 후쯤에나 돌아올까?

그럼 내일은 담력을 키우기로 하자.

오늘 가젤을 잡지 않고 내일?

넌 가젤을 잡을 수 없어.

내가 듣기로 너는 개를 무척 무서워한다던데.

초원의 남자가 개를 무서워하는 것은 수치다.

이곳으로 오다가 새끼가 다섯 마리 있는 늑대굴을 발견했다.

내일 늑대 새끼를 굴에서 꺼낸다.

내… 내가?

〈2권으로 계속〉

## 몽골 초원

몽골 초원 남쪽에는 고비(Gobi) 사막이 있는데 해발 고도가 아주 높다. 인구 밀도도 희박하지만 고비에도 사람들이 있는데, 그들은 주로 낙타와 염소를 키우며 살아간다. 고비 사막은 봄에 우리나라로 날아오는 황사의 진원지로 잘 알려져 있다. 고비 사막 위쪽으로는 초원(Steppe)이 끝도 없이 펼쳐져 있다. 몽골인이 오종 가축(말, 양, 염소, 소, 낙타)을 유목하기에 가장 좋은 자연 조건이 갖추어져 있는, 말 그대로 몽골인의 삶의 터전이다. 초원의 북쪽에는 삼림지대(Taiga)가 있다. 여기에는 다양한 야생 동물과 식물 그리고 야생 과일 등이 있어 몽골인에게 사냥하는 즐거움뿐 아니라 맛있는 과일과 열매를 제공해준다. 특히 사냥은 짐승을 잡고 즐기는 오락이면서도 전쟁을 위한 실제 군사 훈련의 일부이기도 했다.

## 야생 열매와 과일에 대한 몽골어 명칭

몽골인은 식물보다 동물에 기대어 삶을 이어왔기 때문에 농사가 우선이었던 사람들과는 생각이 많이 다르다. 몽골인은 '감'을 일지겐니 치흐(Iljigenii chikh)라고 부른다. 일지겐은 '당나귀' 치흐는 '귀'를 뜻하니, 우리가 먹는 감을 '당나귀의 귀'라고 부른 것이다. '밤'은 톨라인 부우르(tuulain böör)라고 부르는데, 톨라이는 '토끼' 부우르는 '콩팥'이니까 '토끼의 콩팥'이 곧 먹는 '밤'이 된다. 우리가 동물의 '신장腎臟'을 식물성 용어인 '콩팥'이라고 부르는 것과 대조적이다. 또 '우흐린 누드(ükhriin nud)'는 '소의 눈'이라는 뜻인데, 몽골 산속에 많이 나는 야생 열매인 '산앵두(ribes nigrum)를 부르는 명칭이다. 테무진도 어린 시절에 오논 강가에서 물고기와 풀뿌리 그리고 야생 과일 등을 먹으며 굶주림을 참고 견뎌낼 수 있었다.

## 몽골 초원의 사계

### • 여름

몽골 초원의 여름은 정말 아름답다. 힘든 겨울과 봄을 견뎌낸 가축들은 살이 오르고 유목민들은 풍요로운 자연의 혜택을 마음껏 누린다. 유목민들은 뜨거운 햇볕을 막기 위해 여름에도 모자를 즐겨 쓰며, 긴팔 옷을 입는다. 그러나 비가 오고 해가 지면 갑자기 온도가 내려가기 때문에 여행을 하려면 여름에도 항상 따뜻한 옷을 준비해가는 것이 좋다. 몽골 여름에는 움직이는 그림자가 있어 사람과 가축을 뜨거운 햇볕으로부터 일시적으로 막아준다. 몽골에서 비행기가 이착륙할 때 초원을 보면 검은 것이 초원 위에 띄엄띄엄 보인다. 바로 구름의 그림자이다. 만약 구름이 없는 맑은 하늘이라면 어떻게 견딜까? 사람은 말 그림자를 그늘로 삼거나 아니면 햇볕을 그대로 견뎌내고 가축들은 서로 몸을 기대어 최대한 그늘을 많이 만들어서 견뎌낸다.

### • 가을

몽골의 가을은 언제 왔다 가는지 모를 정도로 짧다. 몽골에서는 요즘에도 7월에 '나담' 축제를 하는데, 몽골 속담에 '나담이 끝나면 가을이다'라고 이야기한다. 나담 축제는 세 가지 중요한 경기로 이루어진다. 말타기, 씨름, 활쏘기다. 주로 남자들이 하는 경기지만, 활쏘기에는 여자들도 참가한다. 몽골 초원의 가을은 짧은 만큼 더 아름답게 느껴진다.

## • 겨울

몽골의 겨울을 맛보지 않았다면, 몽골에 다녀왔다고 말하지 않는 게 좋다. 우리는 몽골의 여름을 보고 나서 '참 살기 좋고 아름다운 초원에서 몽골 유목민들이 한가롭게 살고 있다'고 말할 수 있다. 그러나 거의 여섯 달 정도 계속되는 '몽골의 추운 겨울'을

지내보거나 겨울 여행을 해보면, 몽골인에 대한 존경심이 우러나올 것이다. '살을 에는 듯 차가운 겨울바람', '뺨과 턱을 얼얼하게 하는 영하 40~45도의 기온', 머릿속이 텅 비어 아무것도 생각나지 않을 것 같은 추위를 겪어보면, 초원에서 삶을 영위한다는 것이 그리 쉬운 일이 아니라는 것을 절감할 수 있다.

◀ 본문(88, 89p)

## • 봄

초원의 봄은 겨울의 연장이다. 아직 추위도 가시지 않고 풀도 싹을 틔우지 못하는 일명 '보릿고개'라고 할 수 있다. 날이 풀리고, 비가 오고, 풀이 자라면 바로 여름이 시작된다. 이 시기에 힘들게 겨울을 견디고 살아남은, 어리거나 병든 가축은 자연적으로 도태된다. 대지가 아직 건조하기 때문에 회오리바람이나 강풍이 불기도 한다. 몽골 속담에 '봄 처녀는 낙타도 돌아보지 않는다'는 말이 있을 정도로 봄은 정말 힘든 계절이다. 이 고통을 견뎌내야만 가축도 사람도 풍요롭고 아름다운 여름의 혜택을 누릴 수 있는 것이다.

본문(199p) ▶

**1**

당시 몽골에 문자가 없었기 때문에 칭기스 칸의 탄생 연도에 대한 자세한 기록이 남아 있지 않다는 이야기를 자주 듣습니다. 그리고 칭기스 칸이 태어난 해에 대해서도 몇 가지 다른 의견이 있다고도 하는데요, 《말무사》는 1162년을 테무진이 태어난 해로 선택했습니다. 그 근거는 무엇인지요?

**답** 칭기스 칸 탄생 연도는 확실치 않은 것이 사실입니다. 현재 1154년, 1155년, 1162년, 1167년 설이 있습니다. 이 중 1162년 설은 《원사》, 《성무친정록》, 《철경록》의 기록에 근거를 둔 것입니다. 그러나 학자들 사이에서는 여전히 의견이 갈리고 있습니다. 다만 몽골 정부에서는 1162년 설을 공식적으로 인정하고 있습니다. 참고로, 칭기스 칸이 나이만을 정복하고 '타타통가'라는 사람을 포로로 잡은 다음 문자의 중요성을 깨닫고 '위구르 문자'를 빌어 몽골 문자로 사용했기 때문에 당시 몽골에 문자가 없었다는 표현은 틀립니다.

**2**

테무진이 태어나자 예수게이는 멀리서 데려온 무당 알부라를 '위대한 예언자'라고 부르며 예언을 듣고 그 예언을 마치 정해진 사실처럼 받아들입니다. 예수게이 사후에 뭉릭이

위대한 예언자시여, 고귀한 말씀을 듣고자 이곳으로 모셨으니 몽골족과 나 예수게이와 아들 테무진의 앞날을 점쳐주시오.

자다란으로 옮기자 카라카다안은 뭉릭에게 '와주셔서 영광'이라고 말합니다. 당시 초원에서 무당의 위치와 역할은 어떠했는지 궁금합니다.

**답** 몽골 초원에서 무당의 영향력은 실로 큽니다. 그들은 몽골인들이 가장 신성하게 여기는 텡그리 신과 연결되어 있기 때문입니다. 무당은 미래를 점치고 텡그리 신의 말씀을 초원에 퍼뜨리는 역할을 수행했습니다. 집안 대소사는 물론이고 미래의 일과 병 치료까지 그들의 점과 주술에 의지할 정도였습니다. 부족장들은 전쟁이 있기 전 무당을 통해 텡그리 신의 허락을 받아야 출정이 가능했습니다. 이는 칭기스 칸도 마찬가지였습니다. 무당의 명성에 따라 현격한 차이가 있지만 그들의 한마디는 한 사람의 미래를 바꿀 수 있는 힘을 지녔다 해도 과언이 아닙니다.

**3**

예수게이는 부족에서 쫓겨난 토그릴을 도와 케레이트족과 전쟁을 벌이는데, 작품 안에서는 이 전쟁이 '훗날 테무진에게 매우 중요한 사건이 된다'고 이야기합니다. 예수게이가 분열된 케레이트족을 꺾고 노예로 삼아 세력을 더욱 확장할 수도 있었을 텐

데, 왜 군이 토그릴을 도왔고 케레이트족을 토그릴에게 다시 돌려주고 안다를 맺었을까요? 그리고 이 사건이 테무진에게 왜 중요했을까요?

**답** 케레이트족은 나이만족과 더불어 초원 최강의 부족이었습니다. 당시 송나라 등의 국가 개념에 근접한 체제를 갖추고 있을 정도로 군사, 정치, 경제 모든 분야에서 타종족과 씨족을 압도했습니다. 그러나 케레이트족은 불안정한 왕권이 문제였습니다. 특히 토그릴은 많은 수의 핏줄을 죽이고 왕위에 오른 인물이었습니다. 골육상쟁에서 살아남은 형제들은 토그릴을 축출하기 위해 늘 일을 꾸몄으며, 절체절명의 위기에서 예수게이의 도움을 받은 토그릴은 시간을 벌고 곧이어 전열을 정비해서 반란을 제압한 것입니다. 여기서 예수게이는 현명한 선택을 합니다. 분열되어 있지만 여전히 막강한 군사력을 지닌 케레이트족을 정면으로 상대하는 것보다 기존의 권력자 토그릴이 제자리로 돌아갈 수 있도록 물심양면 도와준 것입니다. 이에 합당한 대가로 토그릴은 예수게이와 안다를 맺습니다. 초원에서 안다는 의형제의 관계와 더불어 정치, 군사적인 우방이란 의미도 가집니다. 과거의 영광을 되찾기 위해 힘을 모으고 있는 예수게이는 토그릴의 보호가 필요했으며 형제들과 갈등이 심한 토그릴은 예수게이와 그의 부족을 붙잡음으로서 형제들을 견제할 수 있었던 것입니다. 그리고 '원수와 은혜는 반드시 갚아라'라는 초원의 말대로 예수게이의 아들 테무진에게도 안다의 맹약이 적용되어 후에 테무진이 큰 도움을 받습니다.

**4**

테무진을 혼인시키기 위해 예수게이는 '옹기라트' 지방으로 여행에 오릅니다. 옹기라트 지방은 금나라와 타타르족 사이에 위치한다

고 하는데, 광활한 몽골의 다른 지역을 놔두고 군이 원수와 적국이 인접한 위험 지역까지 가서 며느리를 맞아야 할 이유가 있었을까요?

**답** 지금도 몽골에는 여자와 말은 멀리 떨어진 곳에서 구하라는 말이 있습니다. 혈연 중심의 사회였기에 가까운 곳에서 결혼 상대를 찾는 것은 근친의 위험이 높았으므로 되도록 멀리 떨어진 곳에서 배우자를 찾으려 했던 것입니다. 그리고 당시 옹기라트 지방은 엄밀히 말해 위험한 땅은 아니었습니다. 초원은 광활했으므로 주변에 타타르족이 존재한다 하더라도 그리 큰 위협의 대상은 아니었을 것입니다. 그리고 계절적으로 양과 말을 살찌우는 시기였기 때문에 전쟁이나 노략질은 거의 일어나지 않았습니다. 옹기라트 지방에는 미녀가 많았고, 그들은 미녀들을 초원의 실세 부족들에게 시집 보내 자신들의 안전과 이익을 도모하는 방법을 선호했습니다. 한마디로 결혼을 정치적으로 이용했던 것입니다. 이런 배경이 도사리는 땅이었으므로 초원의 신성 예수게이로서는 한 번 도전해볼 만한 가치가 있는 여행이었을 것입니다.

**5** 예수게이는 테무진을 장인에게 맡기고 돌아가는 길에 "사람이 귀한 초원에서는 손님이 오면 무조건 극진히 대접해야 하고 초청을 받으면 거절하지 말아야 한다"라고 말하며 원수 타타르족의 초청

에 응합니다. 일반적인 상식으로는 이해가 되지 않는 행동인데, 자신의 원수들에게 목숨을 잃을 위험을 감수하면서 초청에 응하는 이유가 있을까요?

**답** 이 부분에 있어서 기록마다 다른 태도를 보입니다. 예수게이 죽음과 관련해 여러 가지 정황이 있지만 일단 초점은 잔치에 맞추어야 할 것 같습니다. 만화 내용과 달리 기록을 보면 당시 잔치는 결혼식과 관련된 성대한 잔치였던 것으로 추정됩니다. 많은 수의 사람들이 모여 있었으며 마유주와 각종 잔치 음식으로 즐거운 분위기가 유지되고 있었습니다. 이때 지나가던 예수게이가 그 잔치를 보게 됩니다. 초청을 받았는지 스스로 잔치에 참여했는지는 중요하지 않습니다. 당시 타타르족도 여러 계파로 갈라져 있었으며 초원에 넓게 퍼져 살고 있었습니다. 큰 전쟁이 아닌 이상 타타르족 전체가 동원되는 일은 극히 드

물었습니다. 이것은 타타르인이라 할지라도 예수게이의 얼굴을 모를 수 있다는 것을 의미합니다. 먼저 예수게이는 안심하고 초원의 관습에 따라 잔치에서 마유주를 얻어 먹었을 가능성이 큽니다. 그러나 아쉽게도 무리들 속에는 예수게이의 얼굴을 알아본 사람이 있었고 복수의 의무에 따라 독을 탄 마유주를 주었을 것이라고 추측 가능합니다.

**6** 예수게이의 죽음과 함께 테무진 일가가 몰락한 뒤에도 테무진은 인간 사냥꾼들에게 쫓깁니다. 테무진이 속한 키야트보르지긴족은 몽골족 내에서도 타이치우트족 다음이었

다고 하고, 자무카가 속한 자다란 부족의 세력이 몽골족 최강인 타이치우트족과 비슷하다는 이야기도 나옵니다. 초원을 지배할 만한 강대한 세력의 주인도 아니었는데, 몰락해 가족만 남게 된 테무진이 쫓겨야 할 이유가 무엇인지 궁금합니다.

**답** 예수게이 이전의 몽골족은 연합체 성격의 몽골울루스를 이루고 있었습니다. 그러나 체제는 타타르족의 끊임없는 공격과 암바가이 칸의 처참한 죽음으로 붕괴되고 맙니다. 이후 예수게이는 몰락한 몽골족의 새로운 희망으로 우뚝 서게 됩니다. 그는 뛰어난 군인이었으며 강인한 전사였고 여기에 백골 씨족으로서 부족민들의 인기를 독차지했습니다. 백골 씨족은 몽골족의 왕권을 계승할 수 있는 유일한 핏줄을 일컫는 말입니다. 타이치우트족, 주르킨족, 키야트보르지긴족만이 이에 해당합니다. 예수게이 사망 이후 몽골족들의 관심은 당연히 그의 아들 테무진에게 쏠릴 수밖에 없었습니다. 이에 막강한 전력을 보유했음에도 예수게이의 카리스마에 질질 끌려다니던 타이치우트족이 소위 화끈하고 대담한 결정을 내리게 됩니다. 바로 테무진과 그의 가족을 버린 것입니다. 한 가족이 자력으로 살아남기에 초원은 너무도 척박하고 황량한 환경입니다. 이것이 타이치우트족의 노림수였고, 미래의 유력한 경쟁자를 죽음으로 내몰면서도 초원의 평판은 유지할 수 있는 일석이조의 방법이었습니다. 참고로 자다란족은 검은 뼈에 속하는 사람들이었습니다. 즉, 백골 씨족의 서자 정도로 생각하시면 이해가 쉽습니다.

● 1권의 주요 사건 연표

응애애애.

응애애애.

**1162**
테무진 출생.

◀ 예언자로부터 테무진의 미래 예언을 들음.

텡그리 신의 아들은 대초원의 풀들이 빗물 대신
사람의 피를 머금고 크도록 만들고
해가 뜨는 곳에서부터 해가 지는 곳까지 고개를
똑바로 들고 쳐다보는 사람이 없을 정도로
위대한 정복자가 될 것입니다!

▼ 수치겔, 벡테르를 데리고 예수게이를 찾아옴.

예수게이 님이
다시 오길 기다리다
지쳐서 당신의 아들을
데리고 왔어요.

그리고 예수게이와 토그릴은
형제의 의식을 가졌다. 두 사람의
영향력은 넓은 초원을 덮었다.

안다여어.

▲ 예수게이, 토그릴을 도와 케레이트족과 싸워 이기고 안다를 맺음.

부르테는 장차 초원의 강자로
군림할 집안의 여자가 되는 것이니
테무진을 하늘처럼 모셔야 한다.

1170 테무진, 부르테와 약혼.

테…
텡그리 신이시여…
왜… 나를 데리고
가시나이까아아…
아….

▲ 예수게이가 타타르에게 독살당한 뒤 부족이 뿔뿔이 흩어짐.

피를 나누지 않았으나
그보다 더 진한 의리로
형제가 되었음을 고합니다!

▲ 테무진, 자무카와 만나 안다(의형제)를 맺음.

# 몽골의 짜릿한 추위를 맛보다

　수년 전, 《식객》 연재 중 머리도 식히고 구상 중인 작품 '칭기스 칸' 취재를 겸해서 겨울 몽골을 방문했다. 당시까지만 해도 몽골에 대해 그다지 아는 바가 없었던 터라 기본적인 정보 수집을 위해 여기저기 수소문을 해보니 돌아오는 대답은 모두 "가지 마!" 이유는 '추위'와 '황무지' 두 가지로 압축됐다. 몽골의 겨울은 영하 25도는 우습게 생각될 만큼 강추위가 계속되고, 폭설로 인해 초원이 하얗게 변하는 탓에 울란바토르 이외에는 아무것도 볼 것이 없다는 것이었다. 거기에 이동의 어려

눈이 하얗게 덮인 초원은 보기에는 아름답지만 직접 겪어보면 고산지대와도 또 다른 추위에 압도된다.

움도 문제라고 했다. 작품에 들어가면 몽골의 4계절을 그려야 하므로 '매도 먼저 맞는 게 낫다'는 심정으로 결국 주위의 만류에도 불구하고 떠나기로 했다. 그것이 고생의 시작이었다. 혹시나 했으나 역시나 공항에 첫발을 내딛는 순간 고산 등반용 우모복이 무색할 정도로 짜릿한 겨울 추위가 우리를 반겼다. "울란바토르의 현재 기온이 영하 20도지만 확실히 예전보다 덜 춥다"는 가이드의 말에 모두가 아연실색하고 말았다. 온도계의 수은주로는 몽골 겨울의 추위를 다 설명할 수 없다. 반

눈이 많이 오면 온 세상이 흰색으로 변한다. 이런 상황에서 어떻게 유목생활을 하는지 궁금했다.

낮은 기온으로 인해 자동차 배기가스가 마치 안개처럼 보인다.

대를 무릅쓰고 찾은 겨울 몽골의 첫인상은 바싹 얼어붙은 얼음과 추위 그리고 자동차 배기관에서 흘러나오는 연기 같은 매연이 전부였다.

기온은 여전히 변화가 없었지만 하룻밤을 보내고 나니 오히려 한국의 쌀쌀한 추위보다는 견딜 만한 기분이었다. 이유는 바람이 적고 습기가 전무한 기후 탓이었다.

춥지만 습하지 않은 몽골의 날씨는 의외로 취재에 도움을 주었다.

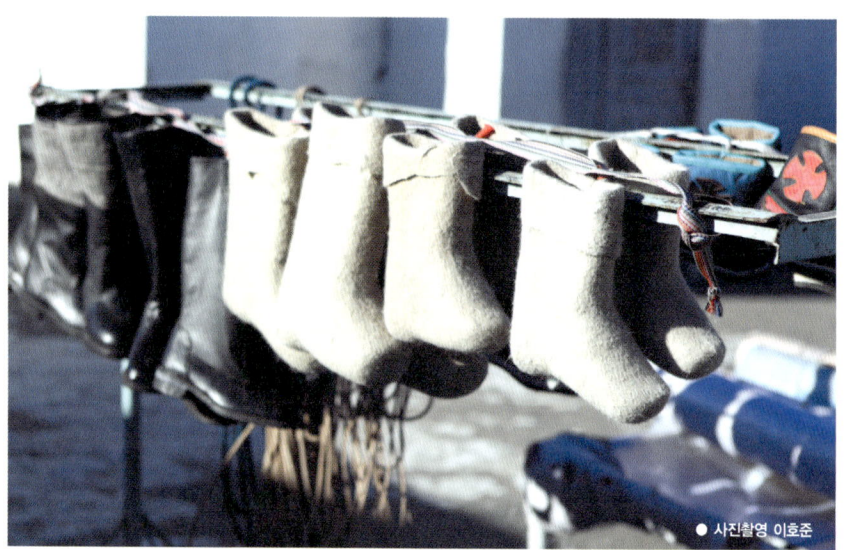

● 사진촬영 이호준

겉보기는 조잡하지만 기대 이상으로 체온을 보존해주었다.

취재 당시 카메라를 보면 쉽게 이해가 가능한데, 겨울철에 외부 촬영 후 실내로 이동하면 렌즈에 습기가 끼어 한동안 기다려야 하지만 몽골의 겨울은 무척이나 건조해 그런 걱정이 없었다.

부딪혀보면 답이 나온다고 몽골 추위에 대한 공포를 극복하고 나니 자신감도 생기고 의욕도 솟아났다. 그런데 문제는 바닥으로 스멀스멀 파고들어 발등을 찍는 냉기였다. 신발 역시 우모복과 마찬가지로 고산 등반용으로 철저하게 준비했건만 바닥에서 올라오는 냉기 앞에서는 무용지물이었다. 차량 이동 시에도 고통은 마찬가지였다. 방법은 단 하나, 현지인들이 신고 다니는 겨울용 부츠밖에 없었다. 결과는 기대 이상이었다. 가격은 신고 있던 신발의 1/10 수준이었지만 보온 성능은 우수했다. 문득 현지인들의 생활상을 철저히 연구하여 남극 탐험에 최초로 성공한 아문센의 일화가 생각났다. 무릎 밑까지 올라오는 겨울 부츠를 신고 한결 가벼운 마음으로 차에 올랐다. 우리를 태운 차는 도시를 떠나 초원으로 향했고, 이렇게 좌충우돌 몽골 취재기가 시작되었다.

한국에서는 한번도 발시러 본적이 없는 중 등산화 인데 발바닥에 감각이 없다

결국 그들의 신을 구해신었다. 양호했으나 완벽하지는 못했다.

2권으로
이어집니다.